GREVE NO SERVIÇO PÚBLICO DEPOIS DA DECISÃO DO STF

ANTÔNIO ÁLVARES DA SILVA

Professor titular de Direito do Trabalho da Faculdade de Direito da UFMG.
Desembargador Federal do Trabalho do Tribunal Regional do Trabalho da Terceira Região.

GREVE NO SERVIÇO PÚBLICO DEPOIS DA DECISÃO DO STF

EDITORA LTr®
SÃO PAULO

Dados Internacionais de Catalogação na Publicação (CIP)
(Câmara Brasileira do Livro, SP, Brasil)

Silva, Antônio Álvares da
Greve no serviço público depois da decisão do STF/
Antônio Álvares da Silva. — São Paulo: LTr, 2008.

Bibliografia.
ISBN 978-85-361-1174-2

1. Brasil. Supremo Tribunal Federal 2. Greves e "lockouts" 3. Servidores públicos I. Título.

08-04488 CDU-34:31.89:35.08(81)

Índice para catálogo sistemático:

1. Brasil : Greves : Servidores públicos : Supremo Tribunal Federal : Direito administrativo 34:31.89:35.08(81)

Produção Gráfica e Editoração Eletrônica: **RLUX**

Capa: **ELIANA C. COSTA**

Impressão: **COMETA GRÁFICA E EDITORA**

LTr

EDITORA LTDA.

Rua Apa, 165 — CEP 01201-904 — Fone (11) 3826-2788 — Fax (11) 3826-9180
São Paulo, SP — Brasil — www.ltr.com.br

LTr 3681.5 **Junho, 2008**

DEDICATÓRIA

Dedico este livro aos servidores do Tribunal Regional do Trabalho de Minas Gerais que, juntamente com seus juízes de todas as instâncias, criaram a grandeza e o prestígio de nossa instituição.

SUMÁRIO

PREFÁCIO

Nossa Constituição manteve o antigo vezo de conceder direitos pela metade. Para superar problemas políticos, que geravam impasse nas discussões parlamentares, adotou-se método cômodo: o direito é concedido, mas ficará na dependência do legislador ordinário, que o regulamentará.

Como se trata de temas complexos — greve no serviço público, proteção contra a dispensa, co-gestão, licença paternidade, proteção em face da automação, para citar apenas alguns —, o legislador ordinário também não se desincumbe da tarefa. E a solução do problema protrai no tempo indefinidamente.

Mas a própria Constituição apresentou o instrumento jurídico para resolver a dificuldade. Criou o mandado de injunção — MI, que, superando a fonte inspiradora da inconstitucionalidade por omissão do Direito português, foi além e permitiu ao Judiciário regular o instituto, para efeito do caso concreto, sempre que "a falta de norma reguladora torne inviável o exercício dos direitos e liberdade constitucionais e das prerrogativas inerentes à nacionalidade, à soberania e à cidadania".

Como o Supremo Tribunal Federal — STF assumiu atitude tímida em relação ao uso do MI, declarando apenas a mora do poder responsável pela omissão, a Constituição ficou sem eficácia em muitos direitos e garantias fundamentais que são o ponto mais significativo de suas normas e a mais importante missão de seus propósitos.

Com a mudança de postura através do MI 712, o STF assumiu o papel que já deveria ter assumido 20 anos atrás. E mostrou seu novo perfil ao País.

Agora o MI não é mais apenas uma constatação de *mora legiferandi*, mas uma efetiva construção normativa para que sejam exercidos, em sua plenitude, os direitos e liberdades constitucionais.

Note-se que o STF não legisla. Não quebra a harmonia e interdependência dos Poderes da República. Apenas exerce eventualmente o poder normativo para que a Constituição seja cumprida, pois é dela o guardião e defensor.

Foi o que se deu com a greve do servidor público. Não era mais tolerável que um assunto de tão grande importância ficasse sem regulamentação, vivendo como letra morta, desprovido de existência real.

Esta decisão histórica, mandando aplicar ao servidor público a Lei n. 7.783/80, que disciplina a greve no setor privado, mostra que o Judiciário, se quiser de fato ser um Poder, tem de cumprir sem medo as prerrogativas que a Constituição lhe concedeu.

Se não tem a bolsa do dinheiro nem a força dos exércitos, como dizia o Federalista, possui sem dúvida o poder de decisão que, em última análise, é o ponto final da eficácia das leis. Só se sabe efetivamente o que a lei diz quando o juiz a insere nos casos concretos da realidade.

O Poder que tem esta prerrogativa exerce de fato uma missão de alto significado social. Por isto, é necessário que seja atuante, moderno, rápido e responsável.

Espera-se que, numa próxima reforma, o MI se estenda aos juízes de primeiro grau, que, junto ao povo, lhe dará os meios formais que faltam para o exercício dos direitos e liberdades constitucionais.

O Congresso Nacional há de ter tempo para cuidar destes aspectos fundamentais de nossa cultura jurídica.

Agora, cabe ao STF continuar em sua missão reformadora, pois, a exemplo de outros povos cultos, a reforma da sociedade e a elevação dos padrões jurídicos estão muito mais nas decisões dos juízes do que nas leis.

O legislador tem necessariamente a visão ampla do mundo, que é visto sob o prisma da abstração. O juiz tem a visão concreta dos fatos, que são analisados sob o ângulo das relações sociais em que se apresentam.

Holmes dizia que o Direito é uma previsão daquilo que os juízes farão quando confrontados com um conjunto de fatos específicos.(1)

Portanto, a tarefa do legislador só se concluiu pela mão dos juízes, diante da riqueza da vida e da variedade sempre criativa das relações humanas.

Se o Direito está nas leis, nos costumes e nos princípios, a Justiça está nos fatos e na vida. Ao Judiciário cabe dizer esta Justiça e estabelecer com ela a vida possível dos homens em sociedade.

Se a Constituição dispôs, o STF, como seu guardião, referendou. O que se deseja mais para afirmar que a Justiça do Trabalho é competente para julgar os dissídios coletivos entre a AP e seus servidores?

---

(1) POSNER, Richard. *The problems of jurisprudence*. Cambridge. Harvard University Press. 1990, p. 30. "Holmes argued that law is a prediction of what the judges will do when confronted with a specific set of facts."

There are no conceptual entities; the meaning of an idea lies not in its definition, its form, its relation to other ideas, but rather in its consequences in the world of fact. (Não há entidades conceituais. O significado de uma idéia não repousa em sua definição, nem em sua forma ou em sua relação com outras idéias, mas antes nas suas conseqüências para o mundo fático).

POSNER, Richard A. *The problems of jurisprudence*. Cambridge. Harvard University Press. 1990, p. 16.

A História dos Impérios nos mostra, que a Razão Humana não tem sido cultivada em todos os tempos, nem por todos os póvos igualmente. Razão por que os Legisladores tomaram differentes rumos quando por meios das leis procuravam a felicidade de seus impérios. A Sociedade é uma máquina complicada, que trabalha com tantas moles, quantos são os indivíduos que a compõem. Pelo que se faz mais precisa huma razão iluminada que saiba guiar tudo a seus justos fins. Nisto se diversifica o povo bárbaro do polido. (Ortografia original, com pequenas adaptações)

SILVA, José Virissimo Álvares da. Professor Emérito de Filosofia. *Introdução ao novo Código ou Dissertação Crítica sobre a principal causa da obscuridade do nosso código autêntico*. Lisboa. Regia Officina Typografica. 1780, p. 3.

"O que é preciso é resolver: fazer. O direito que não se executa não é direito".

MIRANDA, Pontes de. *Direito à subsistência e ao Direito do Trabalho*. Rio. Editorial Alba. s.d. p. 38.

"Se o serviço é ao público, ou serviço público, nem por isso estão privados de exercer o direito de greve os que neles se empregam; nem do direito, nem do exercício do direito de greve, os pode privar a lei de que se cogita no art. 158. A Constituição de 46 permite ao legislador ordinário regular o exercício do direito de greve, não excluí-lo. A fortiori, limitar ou excluir o direito".

MIRANDA, Pontes de. *Tratado de direito privado*. Rio. Borsoi: 1964. t. LXVII, p. 276.

1. SOBRE O MANDADO DE INJUNÇÃO

1.1. A PALAVRA E SEU SIGNIFICADO

Injunção significa, segundo o dicionário Houaiss, ato de injungir, de ordenar expressamente uma coisa; imposição, exigência, pressão. (Houaiss).

Portanto a idéia de imposição e mando é-lhe inerente.

Sua origem etimológica está no verbo latino iung, iungis, iungere, iunxi, iungere, que significa atrelar, juntar, pôr sobre jugo. A base está na raiz indo-européia yeug-*yug, que deu inúmeras palavras nos idiomas neolatinos.*

A idéia de mando, ordem está em seu significado central. Por isto, a expressão mandado de injunção já é uma redundância, pois a palavra "injunção" já exclui a de mandado.

1.2. PRELIMINARES AO CONCEITO DE MANDADO DE INJUNÇÃO

A Constituição, no art. 5º, LXXI, diz: "conceder-se-á mandado de injunção sempre que a falta de norma regulamentadora torne inviável o exercício dos direitos e liberdade constitucionais e das prerrogativas inerentes à nacionalidade, à soberania e à cidadania".

O instituto está localizado no Título II — Dos Direitos e Garantias Fundamentais, no capítulo referente aos direitos e deveres individuais e coletivos. É antecedido pelo Título I, que trata dos princípios fundamentais.

A palavra "princípio" gera incertezas. Mas, como toda palavra carregada de conteúdo que não se pode precisar com exatidão, presta-se para evocar valores e determinar significados que, como inconsciente coletivo, se colocam com auras ao redor das normas para levá-las a contexto maior.

A imprecisão da linguagem é um fato inseparável da Ciência do Direito e com ele teremos sempre que conviver. Por outro lado, como salienta *Bernd Rüthers*,

"Die Rechtswissenschaft kann ihre Aufgaben in Staat und Gesellschaft nur erfüllen, wenn sie sprachlich hinreichend genau ist. Den Juristen muß also die Präzision ihrer Ausagen besonders am Herzen liegen." (A Ciência do Direito só pode realizar sua missão perante o Estado e a sociedade, quando possui suficiência lingüística. Compete ao jurista saber profundamente e com precisão suas expressões.)[1]

Se o Direito precisa de clareza para atingir a sociedade e cumprir sua tarefa, na maioria das vezes o universo deôntico em que desenvolve seu mundo não é claro nem preciso. O jurista está sempre interpretando o que a lei disse, ou seja, o que permitiu, proibiu ou determinou. O mundo seria outro se todos soubessem com exatidão o que deveriam fazer.

Esta situação não é própria apenas da linguagem jurídica. Com muito mais amplitude ocorre também na linguagem comum, em que a imprecisão é um fato reconhecido por todos os que, numa comunidade lingüística, se utilizam da mesma língua.

Mas nem por isso o homem deixou de estabelecer comunicação válida através da História. Pela linguagem, construiu seu mundo cultural e com ele as instituições que compõem sua trajetória pelo tempo.

"Compreender o que alguém diz é pôr-se de acordo sobre a coisa."[2] Esta compreensão vem existindo, embora imperfeitamente, através do tempo, constituindo entendimentos, como forma de convivência, entre os indivíduos dentro dos Estados e na relação entre eles no campo internacional.

Também o Direito, apesar das incertezas, nunca deixou de ter comunicação válida com os destinatários de suas normas, apesar das imprecisões. Faz-se compreendido em seu universo deôntico, quando ordena, proíbe ou permite. E garante a ordem social, que possibilita a vida comunitária.

Assim, a linguagem continua sendo instrumento de trabalho e é e será sempre com ela que construiremos nosso mundo normativo. Como salienta *Rüthers*, o idioma é o instrumento de trabalho do jurista: Die Sprache als Arbeitsgerät der Juristen.[3]

Se as palavras são imprecisas, cumpre aos juristas delimitar-lhes o sentido através da interpretação, da jurisprudência, da doutrina, dos precedentes e até por meio de referência em relação ao contexto em que se situam.

O legislador constitucional não foi preciso na linguagem. No Título I, fala em "princípios", e no art. 1º acrescenta a palavra "fundamentos": "A República

---

(1) RÜTHERS, Bernd. *Rechtstheorie*. 2 Auf. München: CH Beck. 2005, p. 146.
(2) GADAMER. *Verdade e método*. 4. ed. Petrópolis: Vozes. 2002, p. 559.
(3) *Op. cit.*, p. 118.

Federativa do Brasil, formada pela união indissolúvel dos Estados e Municípios e do Distrito Federal, constitui-se em Estado Democrático de Direito e tem como fundamento...".

Washington Albino tenta esclarecer estes vocábulos próximos e acrescenta que fundamento foi tomado como causa e, a partir daí, define princípio como "fundamento ideológico que define a 'Ordem Jurídica' sob consideração".(4)

Ora, se fundamento é causa, então princípio é a "causa ideológica que define a ordem jurídica". E aqui caímos no conceito igualmente equívoco de "causa".(5)

José Afonso da Silva(6) define princípio como "mandamento nuclear de um sistema", e despreza a noção de princípio como começo ou início.

Estas considerações já nos permitem chegar ao ponto desejado.

Em qualquer ciência, o ser humano aprende pela experiência. Pela indução e dedução, reúne dados e material objeto de seu conhecimento. Depois organiza-os num sistema que explica o objeto da ciência considerado. Ciência é, antes de tudo, ordenação e método. Como assinala *Ernst Kassirer*, "Lo que el hombre está llamado a realizar tiene que ser obra de la conexión y la unidad íntegra de todas sus fuerzas; lo aislado es siempre desdeñable".(7)

Ao especificar, no Capítulo I, os "princípios fundamentais", o constituinte teve em mente salientar a causa ideológica que serviria de fundamento a todo o ideário constitucional que a seguir se estabeleceria.

Já no Capítulo II, ao se referir a "direitos e garantias fundamentais", aqueles princípios fundamentais antes referidos transmudam-se em relação jurídica do cidadão com o Estado, formando o alicerce dos direitos do indivíduo em relação ao Estado. Também, em capítulos seguintes, serão fixados os deveres do cidadão com o Estado, estabelecendo-se desta forma os dois pilares básicos do constitucionalismo moderno: os direitos e garantias individuais e a estrutura básica do Estado, a que os indivíduos se integram no cumprimento dos deveres que deles são exigidos.

---

(4) SOUZA, Washington Peluso Albino. *Primeiras linhas de direito econômico*. 4. ed. São Paulo: LTr. 1999, p. 126.

(5) O fato é que os conceitos de princípio e fundamento são próximos. A eles, seguem-se as expressões regra, norma e lei. A regra é uma recomendação normativa ditada pela experiência: regra de bem-viver, regras de postura, regras de convivência. Se esta regra é acolhida pelo Direito, veste-se da linguagem normativa e se transforma em norma jurídica que se designa na Ciência do Direito como lei. Portanto, temos a seqüência : fundamento, princípio, regra, norma e lei, cada qual com o seu matiz semântico característico e significado dentro da Ciência do Direito.

(6) *Comentário contextual à Constituição*. São Paulo: Malheiros. 2005, p. 28.

(7) KASSIRER, Ernst. *Las ciencias de la cultura*. México: Fondo de Cultura. 1951, p. 22.

As constituições atuais são fruto de movimento filosófico do século XVIII, a que se chamou constitucionalismo, pelo qual se procurou limitar o poder do Estado sobre os indivíduos, de tal forma que o Poder não se estrangulasse, nem os indivíduos se neutralizassem.

Para formar este equilíbrio, criou-se o termo "constituição", que significa exatamente organização, estrutura, ou seja, um modo de constituir ou estruturar esta nova tendência, que viria marcar o Estado Moderno.[8] Alocação de poderes (*alocation of powers*) e o princípio do governo limitado — the *concept of limited government*.[9]

Assim se formou o Estado Democrático de Direito, pelo qual "A idéia de atuação do Estado, ou o poder político em geral, longe de se desenvolver fora do Direito, se lhe devia submeter".[10]

As relações entre os indivíduos e o Estado e do Estado com os indivíduos é que marcam o objeto do Direito Constitucional. Um equilíbrio desejável para que haja uma sociedade harmônica e justa.

Os princípios podem classificar-se em:

a) princípios político-constitucionais, que constituem a própria essência da Constituição. O exemplo está nos arts. 1º a 5º;

b) princípios jurídico-constitucionais, que são princípios técnicos de direito constitucional, que informam toda a ordem jurídica nacional: princípio da legalidade, isonomia, constitucionalidade etc;

c) princípios institucionais, que são os reguladores dos princípios constitucionais: princípios da Administração Pública (doravante AP), da feitura das leis, orçamentários, independência da magistratura etc.[11]

Ao fazer o elenco dos direitos e garantias fundamentais, a Constituição valorou. Escolheu aqueles que considerou relevantes e básicos para constituir o fundamento da ordem jurídica brasileira.

Se estes direitos envolvem o fundamento da ordem constitucional é porque são seu alicerce. Portanto, são superiores e mais importantes do que todos os outros. Vinculam de modo absoluto o legislador e não podem ser desconsiderados no corpo da própria Constituição. As normas que tivessem tal natureza seriam consideradas "normas constitucionais inconstitucionais", por exemplo, as introduzidas por emendas em choque com os direitos fundamentais.[12]

---

(8) HAMON, Francis; TROPEL, Michel; BURDEU, Georges. *Direito constitucional*. São Paulo: Manole, 2005, p. 10.

(9) BARRON, Jerome A.; DIENES, C. Thomas. *Consttucional Law St. Paul*. West Publishing Co. 1991, p. 1.

(10) GOUVEIA, Jorge Bacelar. *Manual de direito constitucional*. Coimbra: Almedina. 2005, t. II, p. 779.

(11) SILVA, José Afonso da. *Comentário contextual à Constituição*. São Paulo: Malheiros. 2005, p. 29. Note-se que a divisão sub c) se aproxima da designada sub b). Por isso, acho-a desnecessária e repetitiva.

(12) Sobre o tema, em detalhes, ver GOUVEIA, Jorge Bacelar, *op. cit.*, t. I, p. 749.

Ao falar, no Título II, em "direitos e garantias", poder-se-ia fazer a distinção no sentido de que os direitos são concessivos e as garantias, meios de operacionizá-los. Mas esta distinção seria inócua porque, quer cumpridos espontaneamente ou pela via judicial, os direitos são os mesmos. O meio não lhes modifica a natureza.

Seria grande demais a incoerência de o legislador constitucional elencar direitos e garantias fundamentais sem cuidar de sua aplicação. Por isso, no art. 5º, § 1º, dispôs que "As normas definidoras dos direitos e garantias fundamentais têm aplicação imediata".

Esta afirmativa da Constituição é, porém, apenas um programa. Vários itens do art. 5º não se aplicam imediatamente por carecerem de legislação instrumentadora.

Compreende-se que uma Constituição, por não prever ou regular tudo, tenha de delegar ao legislador ordinário algum detalhe para especificar os princípios nela consagrados. Assuntos complexos e socialmente relevantes necessitam de leis pormenorizadas, sujeitas a discussões especiais, que envolvem tempo. Também compromissos políticos muitas vezes só se compõem quanto ao princípio do direito consagrado. Mas não sobre sua regulamentação. Por isso, o legislador constituinte fixa o princípio em linguagem genérica e relega o tema ao legislador ordinário.

Este intervalo pode ser longo e, em alguns casos, não mobiliza o Congresso, sempre envolvido em questões políticas menores e com seus membros preocupados apenas com a reeleição.

Então, surge o problema: se um direito fundamental não é exercido por falta de regulamentação, a Constituição está ferida e desmoralizada. Como pode o fundamental não atuar?

Sobre o legislador se cria uma aura de suspeição e inércia, ficando no povo a imagem de que a Constituição apenas fala mas não garante nem efetiva.

Por outro lado, o art. 5º, LXXVIII, a todos garante a duração razoável do processo e os meios que assegurem a celeridade de sua tramitação.

Como o mandado de injunção (doravante MI) é direito constitucional instrumental, pois não é concessivo de direito material, mas um meio de obtê-lo, goza de duas proteções constitucionais. A primeira provém da força de sua natureza jurídica, como direito fundamental. A segunda, por ser um direito de aplicação do direito, coloca-se sob o pálio do art. 5º, LXXVIII.

Portanto, o Judiciário, ao decidir um MI, deve atentar não só para sua finalidade, como também pela rapidez com que deva ser decidido.

2. BREVES REFLEXÕES SOBRE O MANDADO DE INJUNÇÃO

2.1. CONCEITO

A Constituição, no art. 5º, LXXI, diz:

"Conceder-se-á mandado de injunção sempre que a falta de norma regulamentadora torne inviável o exercício dos direitos e liberdades constitucionais e das prerrogativas inerentes à nacionalidade, à soberania e à cidadania."

Paulo Bonavides(1) precisa o instituto nestes termos:

"Havendo, por conseguinte, um direito subjetivo constitucional, cujo exercício se ache tolhido pela privação de norma regulamentadora, o titular desse direito postulará, perante o Judiciário, por via do mandado de injunção, a edição de uma norma aplicável à espécie concreta. Nesse caso a edição da norma saneadora da omissão é provisoriamente do Judiciário e não do Legislador, concretizando-se, graças àquela garantia, a satisfação do direito subjetivo constitucional cujo exercício ficara paralisado, à míngua de regra regulamentadora por parte do órgão competente para elaborá-la."

A instrumentalidade do instituto está visível na definição constitucional. Seus elementos são os seguintes:

a) falta de norma regulamentadora;

b) inviabilidade do exercício dos direitos e liberdades constitucionais;

c) inviabilidade do exercício das prerrogativas inerentes à nacionalidade, soberania e cidadania.

Estes requisitos serão estudados a seguir. Antes, porém, uma ligeira resenha histórica das origens do instituto.

---

(1) BONAVIDES, Paulo. *Curso de direito constitucional.* 10. ed. São Paulo: Malheiros. 2000, p. 505.

2.2. ORIGENS

O MI tem origem no juízo de equidade — *equity* inglesa —, que seria medida utilizável quando, à falta de norma expressa nos *statutes* e no *common law*, um direito não possa ser exercido.[2]

A *equity* é uma medida integradora do direito objetivo. O direito expresso não pode prever tudo. O legislador não é um vidente que, através da norma, esgota todos os problemas do mundo. Há uma certa hora que a lei falha e a interpretação nasce. A analogia, os princípios gerais, a situação concreta e as necessidades sociais ajudam o intérprete ou o aplicador a redimensionar a norma, para servir às finalidades para as quais não fora prevista inicialmente.

A *equity* não significa criação arbitrária nem ato exteriorizador de convicções pessoais do juiz ou intérprete. Sua origem histórica explica com clareza os aspectos de sua criação.

Antes que as cortes reais tivessem sede definitiva, elas se localizavam em *Westminster Hall*. De um lado ficavam as três cortes oficiais e de outro, as "cortes da chancelaria", que julgavam segundo a eqüidade e não pelas regras rígidas dos estatutos ou do *common law*. Se a parte não obtinha a justiça nas cortes reais, mudava de lado e tentava-a na chancelaria, submetendo seu caso a um novo julgamento, fora dos padrões legais rígidos da justiça formal.

Estas cortes ampliavam o raio de ação da justiça oficial. Nos contratos, por exemplo, a decisão comum se limitava a uma indenização. A corte alternativa ia mais longe, julgando aspectos secundários da questão, por exemplo, a nulidade do contrato e uma responsabilidade maior do violador.

O outro aspecto, o mais importante, era o da isenção e poder da justiça por *equity*. Em tempos mais remotos, os poderosos que freqüentavam as cortes eram superiores aos juízes do ponto de vista social. Muitas vezes, eram lordes, militares, religiosos, que influenciavam os juízes e os tribunais constituídos.

Como na corte alternativa o *chancelor* era um representante do rei, esta influência se neutralizava, o que garantia a independência dos julgamentos.[3] Com isto a *equity* ganhou prestígio e projeção. Inicialmente, agiam vinculadas com o *Council*, em permanente diálogo com seus juízes. Depois, tornaram-se tribunais independentes, até que foram abolidas pelo *Judicature Act*.

O papel da eqüidade vale como marco do Direito com a realidade. Por isso, *C. P. Padfield*[4] definiu-a assim:

---

(2) SILVA, José Afonso da, *op. cit.*, p. 165.
(3) JAMES, Phillip S. *Introduction to english law*. 9 ed. London: Butteerworths. 1976, p. 23.
(4) PADFIELD, C. P. *Law*. Londres: Heinemann. 1985, p. 13.

"In a general sense equity means fairness. In English law, equity means that body of rules originally enforced only by the Court of Chancery. Equity has been describe as a gloss (meaning a supplement) on the common law, filling in the gaps and making the English legal system more complete." (Em sentido geral, a eqüidade significa lealdade. No direito inglês, quer dizer corpo de normas originariamente aplicadas pela Corte de Chancelaria e vem sendo descrita como uma espécie de glosa (suplemento) da *common law*, preenchendo as lacunas e tornando o sistema jurídico inglês mais completo.)

Não obstante abolida, ficou, entretanto, para sempre o método utilizado, para demonstrar que a aplicação da lei não é apenas julgar o caso com o direito objetivo, mas temperá-lo com considerações atinentes à situação concreta.

A vida precisa do Direito, pois é ele que rege o tumulto dos fatos. Mas também o Direito precisa da vida, pois a norma, sendo um retrato formal da realidade, só se torna real e concreta quando se reveste dos fatos a que se destina.

Recria-se e redimenciona-se a lei sem revogá-la. Esta lição ficou para sempre como método jurídico indelével na Ciência do Direito, que constitui a essência do ato de interpretar.

3. REQUISITOS

3.1. FALTA DE NORMA REGULADORA

O Direito, por ser histórico, estende-se em ambiente social próximo ao autor da norma. O homem não pode fugir de seu tempo. A norma reguladora a ser criada, exatamente por ter natureza equânime, será aquela que o Judiciário entender necessária, útil e pertinente para que a parte exerça o direito que a Constituição lhe deu. Não será uma invenção arbitrária e desarrazoada. Aqui, mais do que nunca, a *prudentia iudicis*(1) será o guia da ação.

A criação do juiz, ao interpretar, sempre andou junto à do legislador, ao fazer as leis. Este a coloca na realidade, aquele a interpreta. Mas fazer lei e interpretá-la são aspectos do mesmo ato criativo. O que varia é a intensidade da atuação.

Por não ser legislador, o juiz não cria o pensamento normativo fundamental. Não lhe cabe regulamentar por vontade própria os diferentes setores da atividade humana. Mas, uma vez exercida a criação do legislador, cabe a ele completá-la, pelos meios que a ciência e a lei colocarem em sua mão. A interpretação e o MI são exemplos destes dois aspectos.

Pela interpretação, o juiz esclarece o sentido da norma. Pelo MI, cria-a para que o direito possa ser exercido.

Antes, depois e contemporaneamente às normas, há o tempo histórico em que se inserem todas as obras culturais do homem, inclusive as leis.

Ao se transferir ao juiz ou ao Judiciário a sua criação suplementar, a atividade legiferante se fará segundo a experiência e a cultura jurídica vigentes, atendendo-se às necessidades do tempo atual, que é o limite da criação humana. Como já salientou *Hegel*:

"Tão grande loucura é imaginar que uma filosofia ultrapassará o mundo contemporâneo como acreditar que um indivíduo saltará para fora do seu

(1) *Prudentia est rerum bonarum et malarum neutrarumque scientia.* [Cícero, De Inventione 2.160]. Prudência é a percepção das coisas boas, das coisas más e das neutras. Esta é, idealmente, a prudência do juiz. Saber distinguir o certo do erro e, em relação ao acerto e ao erro, nunca ficar neutro.

tempo e transporá Rhodus. Se uma teoria ultrapassar estes limites, se construir um mundo tal como entenda dever ser, este mundo existe decerto, mas apenas na opinião que é um elemento inconsciente sempre pronto a adaptar-se a qualquer forma. Um pouco modificada, a fórmula expressa seria esta: Aqui está a rosa, aqui vamos dançar."[(2)]

Uma crítica deve ser imediatamente evitada: a de que o juiz se transforma em legislador. Isto não é verdade porque sua decisão se limita ao caso concreto.

Também não deve haver receio do tribunal em prover meios para o exercício do direito, porque esta missão lhe foi delegada pela Constituição. Deixar de exercê-la é que constitui omissão jurídica e ética, porque priva o cidadão do exercício de um direito fundamental.

A eqüidade é um atributo do juiz moderno, como reação ao positivismo jurídico em que ele funciona como "mecânico da lei" (*Rechtsmechaniker*) ou "cano de condução das palavras da lei" (*Sprachrohor des Gesetzes*). Sua função hoje é fazer uma decisão eqüitativa no caso concreto — *billiges Ergebnis im Einzelfall.*[(3)]

A eqüidade é um exercício "moderado e conveniente" e não uma *equitas cerebrina*, em que o juiz extrapola os poderes que a lei lhe deu para impor convicções pessoais, como se legislador fosse.[(4)]

A efetividade das Constituições pode ser afetada sob dois aspectos distintos: ativamente, por atos legislativos ou ações que atinjam seus princípios. Neste caso, a agressão se faz por norma que contra ela se choca. Então a inconstitucionalidade se torna explícita e visível.

Mas pode haver também a inconstitucionalidade por omissão. Neste caso, deixa-se de praticar a ação ou expectativa que a Constituição determina. Aqui violação se torna mais sutil, porque a omissão é sempre mais velada do que a ação.

Quando a omissão se refere à obrigação de legislar em complemento a algum dispositivo constitucional, que pede a legislação intermediária para garantir a vigência plena, há o que na doutrina se chama de "silêncio legislativo".[(5)]

---

(2) HEGEL, Georg Friedrich Wilhelm. *Filosofia do direito*. s. l. São Paulo: Martins Fontes. 1976, p. 14.
(3) Von Hoyningen-Huene, Gerrick. *Die Billigkeit im Arbeitsrecht*. München: CH Beck. 1978, p. 1.
(4) LUMIA, Giouseppe. *Elementos de teoria e ideologia do direito*. São Paulo: Martins Fontes. 2003, p. 84.
(5) CANOTILHO, J. J. Gomes. *Direito constitucional e teoria da constituição*. Coimbra: Almedina, 1997, p. 917. Neste caso, conforme salienta o autor citado, "As omissões legislativas inconstitucionais derivam do não cumprimento de imposições constitucionais legiferantes em sentido estrito, ou seja, do não cumprimento de normas que, de forma permanente e concreta, vinculam o legislador à adoção de medidas legislativas, concretizadoras da constituição".

Como as constituições detalhistas tratam de problemas complexos não resolvidos totalmente pelo legislador ordinário, principalmente depois de longo período de jejum legislativo, em razão de ditaduras ou estagnações sociais, não se há de esperar consenso amplo em torno de tudo. Por isso, temas importantes são fixados principiologicamente na Constituição, mas cujo detalhamento se delega ao legislador ordinário.

O exemplo marcante está na greve do serviço público que foi garantido condicionalmente no art. 37, VII: "o direito de greve será exercido nos termos e nos limites definidos em lei específica".(6)

O outro exemplo está no art. 7º, I, que fixa, como direito dos trabalhadores, "relação de emprego protegida contra despedida arbitrária ou sem justa causa, nos termos de lei complementar, que preverá indenização compensatória, dentre outros direitos".(7)

Embora se reconheça a complexidade destes assuntos, nem por isso o legislador pode fugir das responsabilidades de que a Constituição o encarregou. Bem ou mal, tem a obrigação de cumprir o que ela fez pesar sobre seus ombros.

Na legislação como na vida não se pode agradar a todos. Então o critério há de ser o cumprimento da obrigação constitucional, independente dos dividendos políticos que esta atitude venha trazer.

O silêncio do legislador ou a mora legislativa, em casos que impedem o exercício dos direitos fundamentais, é comportamento anticonstitucional e ofende

---

(6) Percebe-se que a redação é defeituosa e redundante. A frase "nos termos e limites de lei específica" regula demais. Se foi prevista a necessidade de lei intermediária ou instrumental, ela será necessariamente "específica" para o caso concreto. Poderia ser de outra maneira? "Nos termos e limites" também contém desnecessidade verbal. Quem diz "nos termos da lei" refere-se naturalmente a seus limites, pois, se estes não fossem obedecidos, teríamos outra lei. Do mesmo modo, se o legislador diz "nos limites da lei", é claro que tornou implícitos os seus "termos", pois um dos significados da palavra "termo" é exatamente "limite", já que provém de terminus, que tem exatamente este significado em latim.

(7) Já aqui, a dificuldade consistiu nos "outros direitos", pois a indenização compensatória, na dispensa sem justa causa, é tradição no Direito do Trabalho brasileiro. Como a indenização compensatória já fora prevista, outros direitos teriam de ser a proteção contra a dispensa arbitrária e dispensa sem justa causa (conceitos diferentes). Neste caso, a dispensa mediante apuração prévia do motivo ou reintegração nas dispensas não causadas poderiam ser exemplo destas medidas. Estes temas envolvem opções políticas de grandes conseqüências para todo trabalhador brasileiro e divide radicalmente os interesses de empregados e empregadores. Os primeiros alegam que a garantia no emprego nada mais é do que a valorização do trabalho humano prevista nos arts. 1º, IV, 170 e 193 da CF. Os segundos afirmam que não seria possível nos dias atuais garantir emprego ante a instabilidade das relações socioeconômicas. A iniciativa privada é, da mesma forma, um bem constitucionalmente garantido — art. 1º, IV, da Constituição. O legislador não teve até hoje a coragem de enfrentar este tema. Por isso silenciou-se definitivamente e acomodou-se à solução dada pelo art. 10 do ADCT, que, embora de vigência provisória, acabou por regular definitivamente a dispensa.

a ordem jurídica no aspecto mais essencial que possui, pois a omissão de legislar ofende a Constituição com a mesma intensidade de uma lei inconstitucional. A única diferença é que com a lei violadora, o legislador age comissivamente e, com a falta da lei requerida, comporta-se passivamente.

Esta ausência de legislação, tanto quanto a lei inconstitucional causam danos ao cidadão e às coletividades e grupos, gerando a obrigação de indenizar.

Rui Medeiros, em erudito livro sobre o assunto,(8) analisa com argúcia a obrigação de indenizar proveniente da declaração de inconstitucionalidade de lei, sob cujos efeitos os cidadãos agiram, constituíram obrigações e firmaram expectativas de boa-fé, confiantes no ato do Estado, praticado por quem tinha legitimidade de fazê-lo. De repente, todas as obrigações perdem a sustentação, com declaração de inconstitucionalidade *ex tunc*. Diz o autor citado:

> "Numa palavra, aquele que, de boa fé, cumpriu uma obrigação imposta por uma lei inconstitucional pode exigir uma indemnização ao Estado pelos danos causados, contanto que se verifiquem os pressupostos da responsabilidade por ilícito legislativo."(9)

No caso da omissão, o efeito é o mesmo, pois, enquanto não se legisla a omissão, gera um efeito negativo continuado, impedindo o cidadão de exercer um direito fundamental.

Pessoalmente, entendo que, em casos especiais como o do mandado de injunção, nos quais há a determinação expressa de ação para suprir a omissão legislativa, a responsabilidade por omissão se estende também ao Judiciário, gerando obrigação de indenizar por omissão dos juízes que tinham a obrigação de aplicar a medida supletiva.

Como a obrigação é genérica, não importa o grau de jurisdição a que pertencem. A ação de responsabilidade, por se tratar de violação a direito fundamental, é do Ministério Público ou do indivíduo ou grupo lesados.

3.2. INVIABILIDADE DE DIREITOS

O segundo elemento caracterizador está na inviabilidade do exercício de direitos e liberdades constitucionais.

Esta inviabilidade há de ser total. Se o comando constitucional, ainda que por meio de interpretação jurídica, permite execução, o MI torna-se desneces-

---

(8) MEDEIROS, Rui. *Ensaio sobre a responsabilidade civil do Estado por atos legislativos*. Coimbra: Almedina. 1992, p. 129 e ss.
(9) *Op. cit.*, p. 155. A ortografia original portuguesa foi mantida.

sário e a discussão cingir-se-á ao próprio direito, discutido à base de sua procedência ou improcedência.

O artigo fala em "direitos e liberdades" constitucionais, mas a referência apenas a direitos seria suficiente, pois todos os direitos fundamentais importam numa relação jurídica que, uma vez violada, gera um direito acionável que pode ser judicialmente exercido.

A afirmativa serve, evidentemente, para as "liberdades" constitucionais, que são, em última análise, o conteúdo de direitos concedidos.

A "norma reguladora" é a norma instrumental ou intermediária, necessária para instrumentalizar o mandamento constitucional. Ela vem indicada no próprio texto sob a designação genérica de "nos termos da lei", "na forma da lei", "a lei assegurará", "fixação em lei" etc. A palavra "lei", em diferentes formulações lingüísticas, aparecerá no contexto da norma, que por isto mesmo se torna programática.

Há casos, entretanto, em que há necessidade da regulamentação, mesmo que no texto não haja referência à lei. *José Afonso da Silva* cita o exemplo do art. 5º, L: "às presidiárias serão asseguradas condições para que possam permanecer com seus filhos durante o período de amamentação".

Poderíamos citar também, dentre vários outros, o art. 5º, XVI: "todos podem reunir-se pacificamente, sem armas, em locais abertos ao público, independentemente de autorização, desde que não frustrem outra reunião anteriormente convocada para o mesmo local, sendo apenas exigido prévio aviso à autoridade competente".

As condições para que as presidiárias amamentem os filhos nas prisões têm de ser, ainda que minimamente, regulamentadas, pois importam no uso do tempo no interior das prisões.

O direito de reunião pressupõe prévio aviso à autoridade competente. Qual o arbítrio desta autoridade em relação ao direito constitucional de reunir? A reunião poderá ocorrer em qualquer ponto da cidade, por exemplo, no centro, na hora de intensa movimentação de veículos? Pode a autoridade recusar o direito de reunião, alegando a segurança e a incolumidade da população, quando há indícios de desordem?

Em ambos os casos, há necessidade de um mínimo de regulamentação, até mesmo para controle judicial do ato. Neste caso, a administração pode intervir por decreto ou outro ato normativo inferior à lei, o qual guardará com ela e com a Constituição estrita observância de gradação, preservando-se a área de competência de cada um.

Quando esta necessidade de regulamentação infralegal se torna necessária pelos problemas que a anomia pode gerar, o MI se mostra o instrumento adequado para forçá-la. A competência do art. 105, I, *h*, existe para prover exatamente a esta hipótese.

Mas os casos mais comuns que importam em significado para o indivíduo e as associações profissionais e sindicais são mesmo aqueles em que há necessidade de lei. Se esta não existe, é que a Constituição previu o MI para suprir esta ponte, que o legislador não construiu.

Evidentemente, por ser instrumento do exercício de um direito, o MI só pode ser proposto por quem é dele titular. Isto não impede que seja impetrado por entidade de classe, na representação ou substituição de seus membros, como é o caso dos sindicatos, segundo o art. 8º, III, da CF. Neste último exemplo, o sindicato agirá como substituto processual, pois o interesse da categoria será necessariamente coletivo.

3.3. INVIABILIDADE DO EXERCÍCIO DAS PRERROGATIVAS INERENTES À NACIONALIDADE, SOBERANIA E À CIDADANIA

O exercício das prerrogativas inerentes à nacionalidade, soberania e cidadania são também protegidas pelo MI.

A nacionalidade, disciplinada no Capítulo III, tem dois artigos. Apenas no art. 12, II, quando se trata dos naturalizados, a Constituição fala em "na forma da lei". Mas a naturalização foi regulada pela Lei n. 6.815/80.

Pode ser que, em algum caso concreto, certas ressalvas, como a do art. 12, II, § 1º, "se houver reciprocidade em favor de brasileiros", precisem ser disciplinadas para permitir a definição de certas situações jurídicas.

Elas podem impedir o exercício de algum direito e, por isso, ser objeto de MI. Cremos, entretanto, ser uma hipótese remota.

A nacionalidade é uma questão técnica, que envolve opções políticas. Poderia ter sido exclusivamente regulada em lei. A Constituição não ficaria diminuída.

A referência ao termo "soberania", carregado de densidade política e ideológica, é vaga e pouco precisa. *José Afonso da Silva*[10] diz que a citação se refere à soberania popular do art. 14. Com isto procura situar melhor o sentido que a Constituição deu à palavra.

---

(10) *Op. cit.*, p. 166.

Soberania, como conceito jurídico-político, significa "poder de mando de última instância".(11) Em referência ao Estado, significa sua força máxima, a partir do século XVI, quando este poder foi se concentrando numa população, sobre um determinado território, constituindo a base do Estado moderno.

A soberania tem dois aspectos: o externo, que marca a independência de um Estado em relação aos demais; e interno, que determina a ascendência de um poder sobre as pessoas e instituições que se tornam periféricos em relação a ele.

Ao aspecto externo, faz explícita referência a Constituição brasileira à soberania, considerando-a fundamento da República. Aqui ela é um princípio que, em si mesmo, não se presta a constituir relações jurídicas.

Fora o art. 14, que trata da soberania popular, que é de fato, no Estado moderno, a soberania democrática em oposição à soberania do príncipe ou do ditador, de origem despótica,(12) os demais são descritivos e estão regulados por várias leis. Dificilmente serão objeto de MI.

O fato é que os direitos políticos previstos no Capítulo IV estão descritos e suficientemente enumerados, com várias leis regulando alguns dispositivos dos dois artigos que o compõem: 14 e 15.

É pouco provável que algum direito fique sem exercício neste contexto.

Finalmente, a Constituição usa outra palavra de ampla extensão e, por isso mesmo, de pouca precisão: cidadania.

Ela provém de cidade (mais o sufixo "ão"), a qual, por sua vez, deriva *civis, is*, que inicialmente designou a família.

Na Roma antiga, os termos ligados à família passaram ao vocabulário político, pois a família romana tinha um sentido mais público e político do que privado. Daí vieram *civilis*, o habitante da cidade, o cidadão, *civitas, civitatis*, o conjunto de cidadãos (isto é, dos habitantes da cidade) e *civilitas, civilitatis*, ciência do governo da cidade e, mais tarde, boas maneiras, educação, civilidade.

Da palavra "cidadão" provém o substantivo "cidadania", como conjunto de atributos do cidadão.

Quem habita a cidade submete-se às suas leis. Pertence ao povo que dela faz parte. Cidade aqui é tomada em sentido largo, passando da cidade-estado grega para o Estado posteriormente formado por um núcleo de pessoas, que habita permanentemente um território, sob uma autoridade comum.

---

(11) BOBBIO, Norberto et al. *Dicionário de política*. Brasília: UnB. 1991, p. 1179.
(12) FRANKENBERG, Günther. *A gramática da Constituição e o direito*. Belo Horizonte: Del Rey. 2007, p. 40.

Pertencendo a esta estrutura, o homem passa a cidadão. Tem direitos por ser membro da comunidade, mas também deveres pela mesma razão. Ao homem integrado no Estado se acrescenta uma nova camada de atribuições e deveres que o tornam um "cidadão capaz", um "mündiger Bürger", na expressão de *Arthur Kaufmann.*[13]

O cidadão de um Estado não é o mesmo de outro. Diferenças de raça, costumes, língua, história diferenciam-nos. Só um Estado universal, e ainda assim parcialmente, poderia igualá-los. A evolução do homem na História, porém, criou uma série de direitos que se sobrepuseram ao tempo concreto e tornaram-se dele um atributo, qualquer que seja a sua proveniência.

O homem pode ser analisado dentro de uma perspectiva concreta, como *homo operandi*, o que nasce, vive, atua dentro de um contexto histórico determinado. Mas a repetição das ações humanas, na sua variedade, tem algo de comum, ditado pela racionalidade, que o acompanha enquanto homem, independente de país, raça, língua e condicionamento histórico.

A diversidade não afasta os homens. Pelo contrário, permite, na variedade de seus elementos, a procura da identidade geral. A generalização não se faz sem pormeneres concretos. Se não houvesse a diversidade, a generalização não teria sentido, pois não haveria dados com que pudesse operar.

Por isso, disse *Jasper* que a natureza, a história e o ilimitado se encontram a um só tempo no homem. Pertencemos à matéria, pois dela somos feitos. Por outro lado, pertencemos também à História, porque agimos, criamos e pensamos. E somos a síntese de tudo isso, ou seja, do ilimitado. Eis seu pensamento literal:

> "Alles aber, wovon wir sprachen, trifft zusammen im Menschen: Natur, Geschichte, das Umgreifende. Wir gehören erstens als aus Materie formte Lebewesen zur Natur als Tiere. Wir gehören zweitens als denkende und handelnde und schaffende Wesen zu Geschichte, die wir hervorbringen und der wir zugleich ausgeliefert sind. Wir sind drittens das Umgreifende, das Natur und Geschichte gleichsam in sich schließt."[14] (Entretanto, tudo sobre que falamos encontra-se ao mesmo tempo no homem: natureza, história e o abrangente literalmente, o circundante. Pertencemos primeiramente à natureza, como animais, enquanto ser dotado de matéria; pertencemos a seguir à História, enquanto ser que pensa, age e cria, a qual criamos e a que nos entregamos. Somos, em terceiro lugar, o abrangente que inclui em si próprio a natureza e a história.)

Há, pois, no homem características do concreto e do abstrato. Pode-se falar do homem situado e concreto, quanto do homem abstrato e a-histórico. A

---

(13) RECHTSPHILOSOPHIE. München: C. H. Beck. 1997, p. 234.
(14) JASPERS. *Kleine Schule des philosophischen Denkens.* München: Piper Verlag. 1964, p. 56.

Ciência do Direito, colhendo da experiência da vida certas afinidades que a história foi acumulando, permitiu uma visão do homem que sobrepujasse seu engajamento meramente temporal, para transformá-lo em ser cultural, em torno do qual a história construiu certos atributos universais.

É aqui que entra o conceito de direitos humanos que, positivado nas Constituições modernas, assume a condição de direitos fundamentais. Então se estabelece o movimento ascendente do homem para o cidadão, deste para os direitos fundamentais que, por sua vez, subtraem da fonte dos direitos humanos sua seiva vitalizante.

Subjetivamente, o homem pode reivindicar os atributos de sua cidadania e, em horizonte mais amplo, a sua condição de sujeito universal de direitos. Por esta razão, *Gregório Robles* afirmou com razão que "os direitos fundamentais são direitos subjetivos privilegiados".(15)

Norbert Brieskorn salienta que os homens não se podem colocar indefesos diante de sua própria criação.(16) Se criamos o direito, há o momento de criticá-lo, para saber o que é dele contingente e histórico e o que ao tempo e à experiência concreta.

Aqui entram as considerações de um Direito Natural, não absoluto, pensado abstratamente na razão humana ou retirado da natureza, mas um direito que, como fruto da experiência histórica, se abstraiu em certos valores que acompanham o homem necessariamente em cada situação concreta em que se situe.

Esta exposição filosófico-jurídica já nos permite concluir que as prerrogativas inerentes à cidadania, a que faz referência o art. 5º, LXXI, devem ser interpretadas de maneira ampla e abrangente.

Estas normas não têm topografia única. Preponderantemente, estão concentradas no Título II, Capítulo I — Direitos e Garantias Individuais; Capítulo II — Direitos Sociais. Mas poderão situar-se em outro local da Constituição, desde que afetem as prerrogativas da cidadania, principalmente no que diz respeito aos direitos inerentes ao trabalho.

Os direitos sociais a educação, saúde, trabalho, moradia, lazer, segurança, previdência social, proteção à maternidade e infância, a assistência aos desamparados são garantidos, segundo o art. 6º, "na forma desta Constituição".

Se, na forma da Constituição, estes direitos sociais sofrem restrições de exercício por falta de norma reguladora, o MI torna-se pertinente.

---

(15) ROBLES, Gregório. *Os direitos fundamentais e a ética na sociedade contemporânea.* São Paulo: Manole. 1955, p. 8.

(16) BRIESKORN, Norbert. *Filosofia del derecho.* Barcelona: Herder. 1993, p. 103.

Também se sujeitam a MI as regulamentações limitadas ou provisórias, como é o caso do art. 7º, I. O art. 10 do ADCT dispôs: "Até que seja promulgada a lei complementar que se refere o art. 7º, I, da Constituição: I — fica limitada a proteção nele referida ao aumento, para quatro vezes, da porcentagem prevista no art. 6º, *caput* e § 1º, da Lei 5.107, de 13 de setembro de 1966".

A temporariedade deste artigo está ano *caput:* "até que seja promulgada lei complementar...".

Também o legislador constitucional reconheceu que a lei complementar que regulará o art. 7º, I, preverá, além da indenização complementar, "outros direitos". Estes direitos, no contexto da dispensa, só podem ser os que têm pertinência com a restrição de seu uso.(17)

Como hoje a dispensa é livre e tem como conseqüência apenas o pagamento da multa acima referida, o trabalhador está permanente e continuadamente prejudicado por esta regulamentação pela metade que, segundo parece, vai se tornando definitiva por omissão do legislador.

Também aqui o legislador constitucional reconheceu que a proteção está restringida, pois disse que ela "fica limitada" até a promulgação de lei complementar. Ora, o que é limitado não é completo. Então a proteção contra a dispensa não existe de modo pleno, enquanto durar a regulamentação provisória.

O MI é cabível nesta hipótese para que o Judiciário regule "os outros direitos" a que a Constituição se refere e não há qualquer dificuldade em se raciocinar a favor de sua fundamentação, pois o direito ao trabalho ou, na linguagem constitucional brasileira, "a busca do pleno emprego" (art. 170, VIII), e, na relação de emprego, a sua proteção, são direitos fundamentais universalmente reconhecidos em todas as legislações dos povos cultos e previstos inclusive em convenção da OIT.(18)

Também no art. 7º, que cuida dos direitos dos trabalhadores urbanos e rurais, há referência pelo menos oito vezes ao legislador ordinário: incisos I, X, XI, XII, XIX, XX, XXI, XIII e XXVII. Todos os direitos neles garantidos sofrem restrição de exercício. Logo se sujeitam ao MI.

Que adiantou o legislador constitucional dar e não permitir o exercício pela falta de regulamentação? Neste caso, pode-se até mesmo falar-se de uma "má-fé constitucional".

---

(17) ÁLVARES DA SILVA, Antônio. *Proteção contra a dispensa na nova Constituição*. 2 ed. São Paulo: LTr. 1992.

(18) Trata-se da Convenção n. 158 da OIT. A propósito ver ÁLVARES DA SILVA, Antônio. *A Convenção 158 da OIT e a garantia no emprego*. São Paulo: LTr. 1996, p. 9 e ss.

4. MANDADO DE INJUNÇÃO E INCONSTITUCIONALIDADE POR OMISSÃO

4.1. CONCEITO E FUNDAMENTOS

A Constituição brasileira adotou a ação de inconstitucionalidade por omissão (doravante AIPO).

No art. 103, ao enumerar os titulares da ação direta de inconstitucionalidade e a ação declaratória de constitucionalidade, o § 2º diz:

> "Declarada a inconstitucionalidade por omissão de medida para tornar efetiva norma constitucional, será dada ciência ao Poder competente para a adoção das providências necessárias e, em se tratando de órgão administrativo, para fazê-lo em trinta dias."

Isto significa que as autoridades competentes para ação direta e ação declaratória de constitucionalidade são as mesmas que têm a titularidade sobre a ação de inconstitucionalidade por omissão.

Pela proposição constitucional, são pressupostos da AIPO:

a) uma norma constitucional que preveja direito, individual ou coletivo;

b) a impossibilidade de exercício deste direito por seu titular, em razão da falta de "medida" intermediária para torná-la efetiva;

c) a determinação de "providências necessárias" para possibilitar o exercício do direito constitucionalmente garantido.

O requisito sub a) é óbvio, pois é da norma constitucional e da previsibilidade do direito que se propõe a AIPO. Mas a inconstitucionalidade por omissão pode ser também de princípio constitucional.[1]

A afirmativa tem plena pertinência com o Direito Constitucional brasileiro, pois, a teor do art. 5º, § 2º, além dos direitos fundamentais expressos, há outros implícitos, dedutíveis do regime, dos princípios e dos tratados em que a República Federativa seja parte. Pode-se, portanto, reivindicar a norma para aplicá-los.

---

(1) BACELAR, Jorge Gouveia, *op. cit.*, p. 1373.

O requisito sub b) salienta a falta da norma disciplinadora, pela qual se caracteriza a omissão e, conseqüentemente, a impossibilidade do exercício do direito por seu titular. Aqui se salienta o binômio omissão-impossibilidade.

A "medida" a que faz referência a Constituição é de natureza legislativa ou administrativa.

No primeiro caso, trata-se de lei em sentido lato, principalmente de lei ordinária e complementar, geralmente indicada no texto da norma constitucional (conforme se dispuser em lei, segundo lei, nos termos de lei etc.).

Quando se trata de "órgão administrativo", faz-se referência ao poder regulamentar da administração, que geralmente se exerce por decreto ou outra norma de igual efeito.

Relativamente à administração, a Constituição estabeleceu o prazo de trinta dias. Quando a omissão carece de atividade legislativa, silenciou-se, não fazendo mais referência a qualquer prazo. Disse apenas que "Será dada ciência ao Poder competente para a adoção das providências necessárias".

Na falta de medida administrativa, a previsibilidade da prestação jurisdicional foi completa, pois se fixou prazo certo para o cumprimento da determinação judicial. Poderá o Judiciário estabelecer também para o Poder Legislativo um prazo para que se faça a lei responsável pela omissão?

A questão é delicada porque envolve o problema da divisão de Poderes, que se expressa em princípio fundamental da República Federativa do Brasil.

A divisão de Poderes realmente é um princípio informador de toda a ordem constitucional. Os Poderes se separam, porque não podem ser exercidos simultaneamente, sob pena de haver interferência na esfera de atribuição de cada um. Isto levaria ao caos e à desordem. A divisão da atividade executiva, legiferante e decisória é um fato que consta em todas as democracias modernas. O que varia é a intensidade das competências de cada um.

A prática mostra, porém, que de fato não há independência, mas interdependência de poderes. Ambos se influenciam no exercício da atribuição inerente a cada um. É recorrente na doutrina a afirmativa de que cada Poder exerce até um certo ponto funções de outro.

Não é possível ao Executivo cumprir sua gigantesca tarefa no Estado moderno, de fazer funcionar a máquina administrativa, sem julgar (por exemplo, as controvérsias administrativas) e legislar (por exemplo, na expedição de decretos e uma infinidade de normas reguladoras inferiores).

Não se concebe também um legislativo sem execução (na administração interna de seus órgãos) e sem atividade judicante, não só para efeitos de administração interna, como também na condição de tribunal de exceção constitucionalizada, quando julga o Presidente e o Vice-Presidente da República, os Ministros de Estado e os Comandantes das Forças Armadas, os Ministros do STF, CNJ, Procurador-Geral da República e o Advogado-Geral da União — art. 52, I e II.

O Judiciário também legisla, para cumprimento de suas tarefas internas. O exemplo maior está no CNJ, recentemente criado, cuja atividade normativa é intensa e constante. Também administra nas complexas tarefas administrativas necessárias ao cumprimento de suas atribuições.

Os presidentes de tribunais, superiores e de segundo grau, têm a seu encargo atividades que exigem esforço e discernimento. Alguns chegam até mesmo, e não sem razão, a propor que os tribunais sejam administrados por especialistas, sob controle dos juízes que, em sua grande maioria, não estão capacitados ao exercício de atividade administrativa.

Na Justiça do Trabalho, esta atividade legiferante estende-se ao âmbito externo, na hipótese dos dissídios coletivos que estabelecem normas e condições de trabalho, desde que as partes, de comum acordo, assim requeiram — art. 114, § 2º, da CLT.

A conclusão que se retira é que esta interdependência de Poderes permite, pela própria natureza da atividade de cada um, um certo grau de interferência recíproca. Administrar, legislar e executar são atividades inerentes à Administração Pública (doravante AP), como um todo e jamais será executada sem deixar resto e de modo absoluto por quaisquer de seus ramos.

A administração do Estado moderno, como salienta *Burdeau*, não se faz fora de um controle racional e voluntário. Por isto, observa-se o notável desenvolvimento das ciências sociais, principalmente da ciência econômica, "que proporcionam a esse controle instrumentos objetivos e eficazes ao mesmo tempo".(2)

A divisão de poderes é apenas um dos meios, dentre milhares de outros apontados pela ciência, para este controle racional e científico. Seria ingênuo supor que fosse único e exclusivo e que cada um guardasse do outro áreas distintas e autônomas. A consecução dos objetivos leva a uma natural convergência de instrumentos.

Administrar é exatamente isso: controle racional e voluntário dos fatos sociais, através de instrumentos científicos e eficazes, fornecidos pela ciência. Quando se trata de administração pública, a palavra designa "o conjunto de

---

(2) BURDEAU, George. *O Estado*. São Paulo: Martins Fontes. 2005, p. 141.

atividades diretamente destinadas à execução concreta das tarefas ou incumbências consideradas de interesse público ou comum, numa coletividade ou numa organização estatal".[(3)]

Com estas amplas características, a interferência de um Poder no outro é natural e somente seria reprovável e inadmissível se houvesse invasão da área privativa de cada um. Neste caso, haveria ameaça à eficiência e ordem administrativas.

A separação de poderes, no moderno Estado constitucional, deixou de ser uma fórmula matemática em que eles dividem quantidades exatas, para se tornarem flexíveis e operantes, correspondendo às exigências múltiplas do mundo complexo em que vivemos.

Observa-se hoje uma descentralização e redivisão do Poder em diferentes núcleos, exatamente para que o velho conceito adquira formas novas:

a) a função legislativa se separa do Estado para se concentrar em novos entes com competência de expedir normas: a convenção coletiva de trabalho, as unidades federativas menores, tais como o Estado-membro e o município e a própria associação, em relação a seus membros;

b) a soberania popular se separa do Estado para outros canais que instrumentalizam sua participação direta, tais como plebiscito, referendo, iniciativa popular — art. 15 da CF;

c) o compartilhamento do Poder Legislativo com órgãos e instituições, audiências públicas que ajudam e influenciam o legislador em sua missão criativa, contratualizando a função legislativa, que passa a ser um ato negociado e não mais unilateral e soberano;[(4)]

d) a composição de forças políticas e a legislação. Situação e oposição se compõem para fazer leis mais adequadas, que sejam a síntese dos objetivos dos partidos políticos da situação e da oposição.[(5)]

Portanto, a descentralização legislativa em pequeno plano do legislador estatal para o Judiciário, com o objetivo de criar a norma permissora do exercício de direito fundamental, longe de ser uma confusão e mistura de poderes, significa o relacionamento harmônico de complementação entre eles, próprio aliás do mundo atual.

---

(3) O tema será tratado mais adiante com base nestas noções de Norberto Bobbio, em seu dicionário de política.

(4) O STF convocou recentemente audiência pública para provocar a discussão sobre células- tronco. A finalidade é dar ao juiz dados concretos para melhor julgar um tema de interesse de todo o País. Isto mostra que a atividade judicante já não é mais um ato isolado do juiz, mas um ato de interesse público, em cujo interior devem ecoar as aspirações da sociedade e do povo.

(5) BACELAR, Jorge Gouveia, *op. cit.*, p. 803.

Quando o Poder Judiciário decide o caso concreto em MI e estabelece normas para o cumprimento do direito garantido na Constituição, nada mais faz do que julgar um caso concreto, dando-lhe a solução que, pela natureza do instituto, só pode ser resolvida com a norma intermediária pelo Judiciário.

Não há Poder Legislativo em sentido amplo. Não se cria norma geral, abstrata para regular determinado conteúdo social. Julga-se um caso concreto usando-se de certo aparelhamento normativo como instrumento para se chegar ao direito. E nada mais.

A atividade legislativa, parcial, excepcional e casuística, para resolver uma questão concreta em razão de omissão legislativa, está absolutamente longe de significar interferência em outro. Pelo contrário, significa integração da atividade legislativa com a executiva, exatamente para que ambos os poderes possam cumprir sua missão social.

Ao contrário, o Legislativo é que interfere no Judiciário, quando não regula direito fundamental que depende de lei para seu exercício, porque o impede de julgar o caso concreto e dar a cada um o que é seu.

Esta omissão, quando continuada, destrói e imobiliza a Constituição, tornando-a um texto morto dependente de lei ordinária. E aqui é que entra a grande contradição: a lei ordinária se torna maior do que a Constituição e com mais força sobre ela, quando o contrário é que seria verdadeiro.

Portanto, a omissão de legislar é que quebra a harmonia entre os poderes e viola gravemente a Constituição, invertendo a hierarquia das normas e a lógica das coisas.(6)

Assim, não deveria caber ao Judiciário, ao decidir a AIPO, apenas cientificar o Legislativo de que está em *mora legis*.

Precisaria ir além e decidir o caso concreto, propiciando à parte o exercício do direito bloqueado pela falta de meios adequados. Se assim não for, o julgamento será incompleto e a AIPO não cumprirá os fins constitucionais para que foi criada.

Conclui-se que este tipo de inconstitucionalidade, ou seja, a inconstitucionalidade por omissão, teve e tem pouca utilidade no direito constitucional brasileiro, pois se limita apenas a dar ao poder competente "ciência" para que tome as providências necessárias.

E como para a tal "ciência" não se previu nenhuma medida complementar ou conseqüência, qualquer que seja, fica à discrição do Poder competente tomar ou não as providências necessárias.

---

(6) MELLO, Celso Antônio Bandeira de. *Curso de direito administrativo.* 21 ed. São Paulo: Malheiros, 2006, p. 271.

Somente em se tratando de órgão administrativo é que se deu mais eficácia ao dispositivo, determinando-se que as providências sejam tomadas em 30 dias.

Mesmo nesta hipótese, o cumprimento é de duvidosa eficácia, pois o órgão administrativo não existe por si mesmo. Pertence necessariamente a um Poder. Então se poderia alegar a interferência de um poder em outro e, por esta razão, o máximo que se poderia fazer é dar ciência ao Poder a que o órgão pertence.

Diga-se finalmente que o cidadão não tem direito subjetivo à legislação. Salvo a difícil hipótese do art. 14 — iniciativa popular — não há direito subjetivo para o cidadão exigir que o Congresso Nacional legisle sobre determinada área ou regule determinado tema.

Este objetivo só pode ser pretendido através de pressões sociais, tais como greves políticas, demonstrações públicas, reclamações e pressão diretamente dirigidas ao legislador etc. Mas a Constituição não disponibiliza meios diretos de ação.

Ao cidadão foi dado o direito subjetivo à legislação, quando a norma constitucional prevê a norma intermediária para regular o direito. Neste caso, entre o direito fundamental e a norma para regulá-lo, cumpre ao Judiciário optar pela solução completa: criar a norma e satisfazer o direito.

Contudo, para completar ou mesmo superar as limitações da AIPO, a Constituição previu o MI, que tem espectro bem maior. Não se limita apenas a uma singela "ciência" ao Poder de sua omissão. Vai muito além, pois, verificada a falta de norma regulamentadora que torne inviável o exercício dos direitos e liberdades constitucionais e de prerrogativas inerentes à nacionalidade, à soberania e à cidadania, cabe a interposição do MI para tornar possível o exercício desses direitos.

Nisto está o grande significado do MI que, superando a AIPO, torna-se instrumento de concretização dos direitos fundamentais, valorizando o cidadão e dando realidade às normas constitucionais.

O que se quer do Estado é que cumpra o que promete. O povo precisa crer na Constituição e é preciso que ela tenha instrumentos para fazer esta crença efetiva.

Se o Estado não cumpre o dever de legislar e o indivíduo não tem o direito à legislação,[7] o MI supre este vão com o direito à norma no caso concreto. Tem alcance amplo. Desde que a falta da norma torne inviável o exercício do direito, ele se torna acionável.

---

(7) CANOTILHO, J. J. Gomes, *op. cit.*, p. 920.

O MI, segundo a doutrina predominante, não se presta a organizar determinada atividade ou serviço público em geral, por exemplo, piso salarial, proteção ao salário, licença-paternidade, porque estes direitos importam em ampla atividade administrativa do Estado, exigindo verba pública própria.

A restrição teria por finalidade distinguir o MI do legislador comum. Aquele teria finalidade restrita para garantir o exercício de direito individual e este, finalidade regulatória ampla, que abrange faixas inteiras da realidade social.(8)

A sutil distinção restringiria o MI e criaria mais uma controvérsia, dentre tantas outras, para sua adoção sem problemas na prática do dia-a-dia.(9)

Pelo fato de direitos como a licença-paternidade ser benefício previdenciário, importar em estrutura administrativa peculiar e exigir verba própria orçamentária, o fato não exclui seu aspecto pessoal, quando a medida é requerida em função de um autor.

Não se pode sujeitar o MI a regulação imprecisa ou incompleta de um direito fundamental, pois o direito do cidadão é à plenitude e ao gozo total do direito.

O legislador está em mora da mesma forma e o cidadão, igualmente privado do mesmo modo de um direito fundamental. Não se determinará ao Estado que pague o benefício a todo trabalhador, nem que o orçamento nacional reserve verba para seu custeio — art. 195, § 5º, da CF.

Apenas se determinará o cumprimento de um direito, cuja expressão monetária pode perfeitamente ser expressa analogicamente com outros benefícios já reconhecidos.

A regulação ampla do instituto com verba própria de custeio e estrutura administrativa adequada é missão do legislador. Já no âmbito específico do cidadão, a esfera interventiva é do MI.

Temos de perder este vezo, que vai se tornando recorrente na doutrina do direito brasileiro, de alegar problemas orçamentários para não se cumprirem certos direitos. Um exemplo marcante é a convenção coletiva no serviço público, cuja inviabilidade é freqüentemente alegada, porque o aumento de salário é despesa pública, que não está prevista em orçamento. Agora, o mesmo se quer fazer com o MI.

---

(8) MENDES, Gilmar Ferreira; COELHO, Inocêncio Mártires; BRANCO, Paulo Gustavo Bonet. *Curso de direito constitucional.* São Paulo: Saraiva. 2007, p. 1147, apoiando-se em citação de Calmon de Passos.

(9) MENDES, Gilmar Ferreira; COELHO, Inocêncio Mártires Coelho; BRANCO, Paulo Gustavo Bonet, *op. cit.*, p. 1150.

Como assinala *Pontes de Miranda*,[10] "A Constituição admite quatro exceções ao princípio de que orçamento só contém orçamento":

a) abertura de créditos suplementares;

b) aplicação de saldo;

c) operações de crédito por antecipação da receita;

d) aplicação de saldo.

E salienta logo à frente que, "Se é de prever-se déficit, tudo aconselha a que o orçamento previna no tocante a como se terá de cobrir".[11]

Portanto, há várias possibilidades de ajuste orçamentário para pagamento de eventuais despesas que se tenham de fazer para o cumprimento do direito que o MI possibilitou.

O que não se pode admitir é que, por desculpas orçamentárias, deixar de cumprir a Constituição, cuja interpretação se realiza perante ela mesma e não com base em comandos normativos inferiores. Se, pelo menor interpretarmos o maior, estaremos pondo a ordem jurídica de cabeça para baixo.

O orçamento, como todas as normas inferiores, é que tem de ajustar-se ao mandamento constitucional.

A distinção reforça a área do MI e do legislador, deixando intacta a finalidade dos dois institutos.

Também o argumento da reserva legal não é suficiente para retirar do MI sua função regulativa. A obrigação por ele criada se dá pelo exercício de uma competência constitucional e não afeta o art. 5º, II, que se destina ao legislador, pois é óbvio que, no plano das relações privadas, nenhum cidadão pode determinar uma ação a outro, nem a autoridade cobrá-la, se não estiver prevista em lei.

A vocação do MI é a de regular plenamente qualquer omissão do legislador, que impeça o exercício. Esta omissão pode ser qualitativa ou quantitativa. No primeiro caso, há insuficiência de regulamentação em relação ao direito em si mesmo. No segundo, a lei ou leis são em número insuficiente para garantir o direito em sua plenitude.[12]

---

(10) *Comentários à Constituição de 1967*. Rio de Janeiro: Forense. 1987, t. III, p. 201.
(11) *Op. cit.* p. 202.
(12) BACELAR, Jorge Gouveia, *op. cit.*, p. 1377.

4.2. FONTE INSPIRADORA

A fonte inspiradora foi o art. 283 da Constituição portuguesa, mas, como assinala *José Afonso da Silva*,(13) nosso legislador perdeu preciosa oportunidade de aperfeiçoar o instituto em dois aspectos: atribuir competência ao cidadão para propor diretamente a injunção e conceder expressamente competência ao Judiciário para disciplinar provisoriamente o assunto ou estabelecer condições de cumprimento para o exercício do direito.

A titularidade do indivíduo para propor a AIPO teria sido de total pertinência e naturalmente seria vista como amostra irretorquível da democratização do País, pois a Constituição estabeleceria o princípio e permitiria seu efetivo cumprimento. Se o legislador se omitisse, retardasse ou cumprisse insuficientemente a missão delegada pela norma, o indivíduo poderia supri-la.

O afastamento do cidadão das instituições que têm por objeto servi-lo ou permitir que, através dela, exerça direitos, é um grande erro da Constituição de 1988. O exemplo pode ser dado com o inciso IX do art. 103, que permite a proposição de ação direta de inconstitucionalidade e ação declaratória de constitucionalidade às confederações sindicais ou entidade de classe de âmbito nacional.

Pela confederação sindical, titularizou-se a associação sindical de cúpula e como "entidade de classe de âmbito nacional".

No lugar da confederação, deveriam ter sido postos os sindicatos, porque são eles as pessoas de Direito Coletivo, titulares das ações de greve, dissídio coletivo e convenção coletiva. Portanto, estão muito mais próximos das categorias profissionais e econômicas do que as confederações.

Além disso, é ao sindicato e não às associações de grau superior que cabe a "defesa dos direitos e interesses coletivos e individuais e administrativos", na exata atribuição do art. 8º, III, da CF.

Hoje, com a divisão grupal da sociedade em inúmeras entidades, esta fragmentação cria unidades menores, para atender melhor aos interesses localizados. No caso dos sindicatos, por exemplo, a organização em base municipal e estadual é a regra.

Com as associações a situação é a mesma, pois estão, com seus inúmeros objetivos, sempre perto dos interesses dos indivíduos e dos grupos próximos, para atender a seus desejos e ambições cotidianas.

Talvez esta dificultação de acesso do indivíduo ao controle de constitucionalidade se deu em razão do excesso que se poderia cometer sobrecarregando de ações o STF.

---

(13) *op. cit.*, p. 558.

O argumento, entretanto, não é válido. Se há procura excessiva de controle de constitucionalidade é porque há necessidade de regulação de certos direitos não exercidos por omissão do poder público. Por isso a obrigação do STF, como guardião da Constituição, é supri-la e não esconder-se através de dificuldades para seu acesso.

Mentalidade diversa teve o direito alemão, ao dispor, na Lei Fundamental, art. 93, que:

> Das Bundesverfassungsgericht entscheidet:
>
> 4a. über Verfassungsbeschwerden, die von jedermann mit der Behauptung erhoben werden können, durch die öffentliche Gewalt in einem seiner Grundrechte oder in einem seiner in Artikel 20 Abs. 4, 33, 38, 101, 103 und 104 enthaltenen Rechte verletzt zu sein. (O Tribunal Constitucional decide sobre queixa constitucional proposta por qualquer pessoa sob o fundamento de haver sido ferida, pelo poder público, em qualquer de seus direitos fundamentais previstos nos arts. 20, 4, 33, 38, 101, 103, 104.)

Embora se exija para a interposição da *Verfassungsklage* o esgotamento da via ordinária,[(14)] o fato é que se resguarda ao cidadão o direito de acionar pessoalmente o Judiciário para defender um direito constitucional que entende ferido. Se a Constituição é de todos, todos têm o direito de defender os direitos que dela provêm.[(15)]

A Constituição portuguesa satisfez-se com o apelo aos órgãos legislativos, para que cumprissem o dever de legislar. *Canotilho* fala em sentido jurídico e político deste apelo. Mas no fundo esta censura pode ter no máximo sentido moral, jamais concreto. Era preciso ir além. E foi exatamente isso que fez a Constituição brasileira.

4.3. JURISPRUDÊNCIA DO STF SOBRE O MANDADO DE INJUNÇÃO

A jurisprudência do STF foi inicialmente tímida, limitando-se a constatar a mora e dar ciência à autoridade responsável para providenciar a legislação necessária.

Já no MI 283 estabeleceu-se um prazo para que se colmatasse a lacuna, sob pena de se assegurar ao prejudicado a satisfação dos direitos negligenciados.

---

(14) Medida acertada, porque os tribunais constitucionais não são órgãos de jurisdição ordinária, nem tribunais de recurso. Se o acesso fosse irrestrito, seriam transformados em jurisdição comum, o que importaria no desvirtuamento de sua finalidade.

(15) Sobre a queixa constitucional, para quem queira aprofundar o conhecimento sobre este interessante instituto de Direito Constitucional, ver HÄBERLE, Peter. *La Verfassungsbeschwerde nel sistema della Giustizia costituzionale tedesca*. Milano: Giuffrè. 2000. SCHWABE, Jürgen. *Cinqüenta anos de jurisprudência do tribunal constitucional federal alemão*. Montevideo: Konrad-Adenauer. 2005.

No MI 232, fixou-se um prazo para que o Congresso legislasse, suprindo o art. 195, § 7º, da norma necessária. Vencido o prazo, o requerente gozaria da imunidade requerida.

Houve a evolução paulatina que consistiu na negação plena de expedição de norma até uma atividade legiferante moderada. Com isso o instituto ganha nova vida e cumpre sua finalidade constitucional supletiva da omissão do legislador.(16)

No voto do Min. Celso Melo — MI 712-8-Pará —, que será comentado na íntegra posteriormente, pode-se ver a evolução do pensamento do STF sobre o tema, metodicamente exposto.

O que motivou o STF a tomar uma decisão proativa no caso de MI foi um "retardamento abusivo, causado pela superação excessiva do prazo razoável".

Esta omissão inconstitucional, repetida no tempo, relega ao desleixo o "encargo jurídico que foi imposto ao Congresso Nacional pela própria Constituição", atuando então o MI como "poderoso fator de neutralização da inércia legiferante da abstenção normatizadora do Estado".

Neste contexto, o MI significa "reação jurisdicional, fundada e autorizada pela Carta Política", que, forjando ela mesma o instrumento de realização do direito impedido, evita o desprestígio da própria Constituição.

O Ministro confessa que, desde sua assunção ao STF, sempre atribuiu ao MI a "relevantíssima função instrumental de superar, concretamente, os efeitos lesivos decorrentes da inércia estatal". E refere-se ao MI 164/SP de sua precursora relatoria.

Contudo, acentua que a jurisprudência da Casa foi fixada a partir do julgamento do MI 107/DF, relatado pelo Min. *Moreira Alves*, segundo o qual o efeito do MI "resume-se à mera declaração, pelo Poder Judiciário, da ocorrência de omissão inconstitucional, a ser apenas comunicada ao órgão estatal inadimplente, para que promova a integração normativa do dispositivo constitucional invocado como fundamento do direito titularizado pelo impetrante do 'writ'".

Segundo corretamente ressalta o Ministro, cujo voto está em análise,

> "Este entendimento não mais pode prevalecer, sob pena de esterilizar a importantíssima função político-jurídica para a qual foi concebido, pelo constituinte. O mandado de injunção deve ser visto e qualificado como

(16) Para maiores detalhes, ver MENDES, Gilmar Ferreira; COELHO, Inocêncio Mártires; BRANCO, Paulo Gustavo Bonet, *op. cit.*, p. 1154, de onde retiramos a síntese evolutiva, aqui apresentada.

instrumento de concretização das cláusulas constitucionais frustradas, em sua eficácia, pela inaceitável omissão do Congresso Nacional, impedindo-se, desse modo, que se degrade a Constituição à inadmissível condição subalterna de estatuto subordinado à vontade ordinária do legislador comum."

Sobre a correlação entre o direito de legislar do cidadão e o dever de legislar do Estado,(17) salienta corretamente que

"... O direito à legislação só pode ser invocado pelo interessado, quando também existir — simultaneamente imposta pelo próprio texto constitucional — a previsão do dever estatal de emanar normas legais. Isso significa, portanto, que o direito individual à atividade legislativa do Estado apenas se evidenciará naquelas estritas hipóteses em que o desempenho da função de legislar refletir, por efeito de exclusiva determinação constitucional, uma obrigação jurídica indeclinável imposta ao Poder Público, consoante adverte o magistério jurisprudencial desta Suprema Corte (MI 633/DF — rel. Min. Celso de Mello)."(18)

Mais adianta afirma que

"A inércia estatal em adimplir as imposições constitucionais traduz inaceitável gesto de desprezo pela autoridade e configura, por isso mesmo, comportamento que deve ser evitado, pois nada mais nocivo, perigoso e ilegítimo do que elaborar uma constituição, sem a vontade de fazê-la cumprir integralmente, ou, então, de apenas executá-la com o propósito

---

(17) Aspectos que já foram salientados doutrinariamente neste trabalho.

(18) Esta reserva de participação do cidadão ou dos grupos sociais na legislação é restritiva e injusticável. A Ciência Política e o Direito Constitucional hão de criar meios técnicos através dos quais esta participação se torne também possível, mesmo que não haja no texto a contrapartida da obrigação estatal de legislar, ou seja, o cidadão só pode exigir a norma quando o Estado a promete, mas não cumpre o prometido. Muito mais importante do que este limitado aspecto é que se satisfaça o interesse do povo à legislação, quando determinadas áreas estão desguarnecidas da tutela normativa e o Congresso nada faz ou faz de modo insuficiente e deficitário. A representação do povo pelos legisladores por ele escolhidos não pode significar uma separação absoluta entre ambos. O poder emana do povo e deve haver meios de este mesmo povo ampliar, diminuir ou cassar este poder conforme as circunstâncias políticas, sociais e econômicas. Os meios seriam a ampliação da sociedade em órgãos públicos, a imediata regulação da co-gestão, prevista no art. 7º, XI, da Constituição e até hoje esquecida e aguardando também um MI para ampliar neste setor a participação do empregado na gestão da empresa. Um órgão, composto por elementos significativos da sociedade, poderia fornecer ao Congresso, de modo permanente, subsídios legislativos para temas importantes da sociedade de tal maneira que, embora voluntariamente, estas sugestões fossem acatadas para efeito de futura legislação. Também aos sindicatos, como representantes dos trabalhadores, caberia maior pressão política para a feitura de leis de conteúdo social. Esta postura, entretanto, está longe de se tornar concreta. A postura corporativista das centrais, lutando pela manutenção da contribuição social, é uma demonstração inequívoca de que o País ainda está longe de um amadurecimento político e social. Até que este estágio seja atingido, cumpre ao povo apenas sofrer pelas carências desta omissão.

subalterno de torná-la aplicável somente nos pontos que se revelarem convenientes aos desígnios dos governantes, em detrimento dos interesses maiores dos cidadãos."[19]

Reforçando a necessidade de fortalecimento da Constituição, pela efetivação de suas normas, diz: "O desprestígio da Constituição, por inércia de órgãos meramente constituídos, representa um dos mais graves aspectos da patologia constitucional, pois reflete inaceitável desprezo, por parte das instituições governamentais, da autoridade suprema da Lei Fundamental do Estado".

Estes fundamentos marcam o rumo para o novo instituto no STF.

Como os outros dois Poderes, o Legislativo e o Executivo estão desacostumados deste tipo de atitude, já se ouvem reações infundadas e injustas, segundo as quais o STF estaria atropelando a competência de outros Poderes.

No entanto, estas críticas infundadas não encontrarão eco na sociedade, pois ela foi a grande beneficiária das medidas. Como diz o Min. *Gilmar Mendes*, em recente manifestação, "Há questões que demandam uma atitude mais incisiva em face de um quadro de inércia, indefinição e abuso. Mas não podemos banalizar essas iniciativas de caráter regulatório".[20]

Depois assinala, segundo a mesma fonte citada, que a intervenção do Supremo nestes dois casos se deu em razão de inércia e indefinição de outros poderes. E conclui afirmando que "O Tribunal não assumirá tão cedo nova responsabilidade de opinar sobre assuntos fora de sua alça de competência".

Ora, o STF não agiu, em nenhum instante, fora de sua alça de competência. Manteve-se fielmente nos limites que a Constituição lhe outorgou. Não avançou nem retrocedeu. Simplesmente portou-se nos limites da lei, como é a obrigação de todo tribunal.

Se a competência geral de outros poderes não é exercida por meio de lei, cumpre ao STF agir nos limites do caso concreto. Só invadiria a competência

---

(19) A inércia para regulamentar o art. 37, VII, é mais do que evidente. Em 19 anos foram apresentados 13 projetos. Sete foram arquivados e seis estão anexados à proposta apresentada pela deputada Rita Camata em 2001.Projetos é o que não falta. Mas não há ânimo nem disposição para votá-los. Também no direito italiano, Antonio Vallebona, (*Le regole dello sciopero nei servizi pubblici essenziali.* Torino, Giappichelli, 2007, p. 1), fala também da "lunghissima inerzia del legislatore repubblicano", sobre a questão da greve. No direito alemão, não há qualquer regulamentação. Talvez, por causa da dificuldade do tema, o legislador se atemoriza, cedendo lugar à jurisprudência. Se esta também recua, a greve fica sem referência legislativa. Talvez seja esta de fato a melhor solução, desde que a jurisprudência assuma seu lugar e construa, com base na experiência, o melhor caminho.

(20) Jornal Estado de Minas de 11.11.07.

alheia, se tivesse fazendo lei geral, o que seria de fato grande usurpação, colocando em risco o próprio equilíbrio das instituições democráticas.

Mas regular questão concreta, atribuindo à parte meios de exercer um direito fundamental, é sua missão indelegável. E não lhe cabe aqui uma falsa prudência de neutralidade, que pode decair para a omissão.

As recentes decisões, marcando as regras da fidelidade partidária e sobre a greve no serviço público, surpreenderam o Executivo e o Legislativo. Era tido como fato consumado a omissão legislativa em nosso país, sem que se atribuísse ao Congresso qualquer conseqüência. Perdendo seu tempo em questões de mais visibilidade na mídia, esqueceu a função básica de legislar.

Para os temas difíceis e de alto significado social, tais como a greve no serviço público, a fidelidade partidária, a proteção contra a dispensa, a reforma do Judiciário (cuja segunda parte dorme nas prateleiras da Câmara dos Deputados), não há tempo, pois ele é gasto exclusivamente com as bombásticas comissões parlamentares e outros temas menores, de interesse dos congressistas.

Acontece que a proteção contra a dispensa, por exemplo, pode melhorar a vida de milhares de trabalhadores, sem barrar o progresso ou limitar a atividade empresarial. Todos sabemos onde colocar o fiel da balança e o ponto do equilíbrio entre os excessos da garantia e da desproteção.

O mesmo se diz do direito de greve do servidor público, cujo mau exercício já deu e continua dando altíssimo prejuízo financeiro ao Estado, além de dano na prestação de serviço público a que o Estado está obrigado. Por que não discipliná-lo de modo adequado, de tal forma que se garanta o direito de greve e se defenda também o direito da sociedade ao serviço público?

Aqui também a ciência jurídica e o Direito Comparado, somando a experiência de outros povos com a nossa, fornecem elementos seguros para uma lei equilibrada que venha, no futuro, regulamentar os incisos VI e VII do art. 37 da CF.

Estas leis não vieram, nem o STF agia no sentido de colmatar a lacuna. Assistia simplesmente, como espectador neutro, ao drama social sem nele intervir, embora pudesse prestar relevante serviço à sociedade, como agora de fato prestou, dando ao MI a função que a Constituição lhe indicou. Não se limita mais a um mero "noticiar" de mora legislativa ao poder omisso. Agora se ergue em autêntico supridor da omissão no caso concreto até que a norma geral de competência do Legislativo venha.

Torna-se difícil que a compreensão tão lúcida no voto acima transcrito e comentado tenha demorado tanto. A compreensão tímida do MI pelo STF trouxe, juntamente com a omissão do Legislativo, grave prejuízo ao povo brasileiro.

Felizmente a postura agora está mudada.

O Direito Constitucional brasileiro dá assim um passo à frente no resguardo e na efetiva proteção dos direitos fundamentais, que é falha na maioria dos países. Como salienta *Manuel Carrasco Dúran*,

> "Uno de los datos más singulares derivados de la práctica del sistema de protección jurisdiccional de los derechos fundamentales establecido en nuestro ordenamiento consiste en el desajuste que se manifiesta entre las expectativas derivadas de la interpretación de los preceptos constitucionales acerca de aquello que debería ser dicho sistema y la imagen sobre lo que es aquel sistema que portan frecuentemente los ciudadanos que, bien como interesados en una acción en defensa de sus derechos fundamentales, bien como agentes de alguna profesión de carácter jurídico, llevan a la realidad los procesos que deben proporcionar la tutela debida a los derechos fundamentales."(21)

Em todo o mundo, a queixa é a mesma: declaram-se os direitos, mas nada se faz para efetivá-los. A parte substancial está pronta. Já há um concerto geral nos países civilizados sobre a existência de direitos humanos, anteriores ao Estado e às ordens positivas de cada um deles, com observância e validade gerais.

Contudo, esta universalidade é fraca na hora da aplicação, exatamente por retardamentos injustificáveis do Judiciário, não só em razão da demora dos processos, mas também por interpretações restritivas, como foi o caso do STF, que só agora viu a grandeza do instituto e as vantagens de sua aplicação.

O que se espera de todos os Poderes é que cumpram sua missão constitucional. Nem mais nem menos. Seus titulares deveriam lembrar sempre que esta omissão é paga pela sociedade, com restrição a seus direitos. E não é lícito jogar sobre seus ombros mais este peso por omissão do Estado.

---

(21) DÚRAN, Manuel Carrasco. *Los procesos para la tutela judicial de los derechos fundamentales*. Madrid: Centro de Estudos Políticos. 2002, p. 21.

5. ADMINISTRAÇÃO PÚBLICA, SERVIÇO PÚBLICO, SERVIDOR PÚBLICO

5.1. BREVE INTRODUÇÃO

Antes que se adentre o tema, é preciso colocar em ordem certas noções que valem como pressupostos das posições doutrinárias que aqui vão ser assumidas.

O conceito de administração pública através de agentes escolhidos formam a atividade básica do Estado, em sua função de governo, ou seja, de executividade. Qual a área de cada um e qual a faixa de competência que lhes é atribuída? Esta questão é prévia aos problemas da greve do servidor, que se dá no serviço público o qual, por sua vez, localiza-se dentro da Administração.

O conceito de AP, por ser mais amplo e abranger os demais, é o primeiro objeto de nossas reflexões.

5.2. ADMINISTRAÇÃO PÚBLICA

Antes de mais nada, uma digressão útil sobre o nome e a coisa.

"Administração" provém do verbo latino *minuo, minuis, minure, minui, minutum*, que signica diminuir. Da raiz mi ampliada pelo sufixo *nu* para *mi-nu*, temos na língua latina *minutus* e seus derivados; da raiz min provieram várias palavras, entre as quais minister, ministerium e ad-ministare que significa originariamente "travailler sous les ordres de quelqu'un" e, depois, "gouverner, administrer".(1)

Ou, para utilizar as palavras de *Washington Albino*, a respeito de planificação, mas plenamente atribuíveis ao conceito de administração: "racionalizar o emprego de meios disponíveis para deles retirar os efeitos mais favoráveis". Ou seja, o conceito tem conteúdo econômico em sentido lato: através de meios

---

(1) Há ainda a raiz *min-u*, que é a raiz básica, com sufixo *u*, que deu *minus*, *minor*, *minoris*, *minusculus*, *minimus*. Veja-se sobre a palavra MARTIN, F. *Les mots latins*. Paris: Hachette, 1941, p. 154. Para complementação, consultar ainda o dicionário American Heritage Dictionary, versão eletrônica, que enumera o desdobramento da raiz indo-européia *mei*.

escassos, procura-se atingir objetivos da maneira mais racional, eficiente e com menos custos que for possível.[2]

Em sentido amplo, administrar significa usar de meios para se obter um fim. Portanto, quem administra dirige, orienta e governa, para atingir propósitos de interesse público.

No mundo complexo em que vivemos, nada se faz sem atividade metódica para se chegar a um objetivo. Em toda atividade, pessoas, grupos e o próprio Estado procuram caminhos racionais para fins próximos e imediatos, que importem em redução de esforço, gastos e perda de tempo.

O Estado moderno não se excepciona deste princípio. Administrar a coisa privada ou pública importa no mesmo esforço transformativo. O que muda é apenas o fim e não meios pelos quais se realiza.

Por isso, o American Heritage Dictionary registra a palavra nos dois sentidos:

1. Management, especially of business affairs. 2. The activity of a sovereign state in the exercise of its powers or duties.

Se se trata de atividade privada, a administração se voltará para o *business affairs*. Se for pública, considera-se a atividade do Estado em seus poderes *(powers)* e deveres *(duties)*.

Portanto, se a atividade administrativa é exercida pelo Estado para a satisfação de necessidades públicas, criando-se bens e serviços de que a sociedade carece para sobreviver, estamos diante do conceito de "AP". Daí a definição de *Giorgio Pastori:*

> "Em sentido mais abrangente, a expressão Administração Pública designa o conjunto das atividades diretamente destinadas à execução concreta das tarefas ou incumbências consideradas de interesse publico ou comum, numa coletividade ou numa organização estatal."[3]

Por "conjunto de atividades", salientou-se o sentido de atividades repetidas ou múltiplas, para realçar o sentido amplo da atividade administrativa estatal.

"Execução concreta de tarefas ou incumbências" mostra o objetivo da AP e sua efetividade.

"Interesse público ou comum" indica o sentido maior da AP, embora hoje esta característica esteja bastante diluída nos objetivos amplos e adaptativos da

---

(2) SOUZA, Washington Peluso Albino de, *op. cit.*, p. 378.
(3) BOBBIO, Norberto *et al. Dicionário de política*, 2º v., p. 10.

AP, que pode levar em conta os interesses pessoais e até individuais, como nos direitos humanos, desde que haja interesse público em sua vigência e aplicação. Pode-se considerar como público o interesse individual e como individual o interesse público. Trata-se de aspectos ou variações de um mesmo fato, dependendo do modo de considerá-lo e os valores que se levam em conta ao analisá-lo.

Muitas vezes, é público o meio e privado o resultado, como é o caso das normas processuais, que servem de aplicação aos direitos subjetivos.

Também nas expressões *público, comum e coletivo* vê-se a dialética destes conceitos. No primeiro, leva-se em conta o interesse de todos e, no segundo, o comum denota uma noção ampla, mas que pode não ser do interesse de todos.[4] Já o coletivo se refere normalmente ao interesse de grupos.

"Coletividade ou organização estatal" significa que a atividade do Estado se manifesta em suas diferentes organizações, ou seja, nas diferentes unidades em que se divide (administração direta, indireta, parcerias, delegações etc.), ou em coletividades, como divisão de áreas ou segmentos da sociedade que, como um todo, se identifica com o Estado.

José Afonso da Silva[5] define-a assim: "Conjunto de meios institucionais, materiais, financeiros e humanos, preordenados à execução das decisões políticas".

Com a definição, o autor diz que pretende salientar a subordinação da administração à política e demonstrar que é meio.

O aspecto instrumental serve assim ao político, para que o Estado atinja seus objetivos. Realmente, a AP nunca poderia ser fim em si mesma porque o fim a que serve está no Estado do qual ela é ancilar.

Também não se pode prescindir do elemento político para a ação pública. Este dá-lhe o valor em torno do qual se movimenta a atividade administrativa.

Para saber-se quais os *powers* e *duties* — poderes e deveres do Estado — recorre-se ao ordenamento jurídico. A lei não pode especificar em detalhes tudo que o Estado pode fazer ou deixar de fazer. Por isso, fornece apenas a moldura ou os limites de atuação. O resto é preenchido pela atividade que lhe é inerente.

---

(4) Hoje, o binômio público-privado está definitivamente superado na moderna Ciência do Direito. A integração da atividade estatal e a eficiência de sua atuação não permitem mais que se separe o interesse do indivíduo e o do Estado. Ambos estão definitivamente imbricados na atividade estatal em sentido amplo, ou seja, em sua atuação eficaz e promotora do bem de todos, que é a síntese do bem de cada um.

(5) *Op. cit.*, p. 330.

O Estado se comunica com a sociedade através de atos livres, que estão na base do poder discricionário de que é naturalmente dotado para cumprir suas finalidades ou então, quando for esta a vontade do legislador, através de atos expressamente vinculados à lei, retirando-se o poder de iniciativa que cede lugar à legalidade em sentido estrito.

Desta combinação se forma a ampla atividade do Estado com a sociedade.

Num Estado de Direito, não se pode falar de uma atividade estatal totalmente livre, porque então haveria a desvinculação do Estado com a legalidade, nem de uma atividade totalmente restrita, porque então haveria a submissão total do Estado à legalidade explícita.

Em ambos os casos, os extremos se tocariam, impedindo uma atividade saudável e oportuna da administração. Ambos servem como parâmetros metodológicos para um meio termo equilibrado em que a lei intervenha sem cerceamento e a atividade discricionária atue sem arbítrio.

A AP é uma atividade de direção, portanto de governo, pela qual se produzem bens ou serviços ou se delega sua produção.

É neste ponto que se entrecruzam os "valores sociais do trabalho e da livre iniciativa", previstos no art. 1º, IV, da CF.

Pela atividade privada, com predominância, e pela atividade pública em suplemento (art. 173 da CF), o Estado realiza a ampla gama de atividades a seu encargo, não só econômica, mas de qualquer espécie. Nisto consiste sua atividade administrativa, que é tão importante quanto a atividade política.

A administração dá concretude à atividade política e esta dá conteúdo e direção à atividade administrativa. Ambas se concentram num ponto ideal comum.

Como toda atividade voltada a um fim, a administração tem de se organizar hierarquicamente, para que possa cumprir com método seus objetivos. Esta hierarquização é fruto natural do Estado constitucional que, estabelecendo os órgãos dos três Poderes e suas respectivas atribuições, fixou um limite para que cada um as exercesse, num inter-relacionamento harmônico.

Esta hierarquia tem, como comumente ocorre, uma organização piramidal, que vai da base, centrada em órgãos de menor importância, até o ápice da estrutura, centrado na Constituição, em que se definem os órgãos essenciais da administração, dos quais todos os demais derivam.

Ao referir-se a "fim", automaticamente inclui-se no conceito de administração o de planejamento, para que tais objetivos não sejam buscados aleatoriamente, mas sim através de metas cientificamente refletidas e estabelecidas no plano concreto, muitas vezes até mesmo por leis, como o orçamento, leis de plano ou, em âmbito menor, através de estatutos de empresas públicas, sociedades de economia mista.

Outras vezes, a planificação provém do poder de auto-regulação inerente à administração, através de atos discricionários em que ela se autolimita e governa em relação a objetivos determinados.

A lei estabelece estes limites e os meios de atuação da AP com o próprio povo, objeto de sua atividade.

Hoje, há um núcleo duro e restrito desta hierarquia e depois ela se dilui nos amplos mecanismos de integração da sociedade contemporânea, que se caracteriza pela flexibilidade e capacidade de adaptação às múltiplas exigências de nosso tempo, tão variado em propósitos e objetivos.

A cada dia, observa-se uma integração da AP com a privada, ambas aprendendo reciprocamente a melhor forma de administrar. As grandes empresas têm estrutura, em muitos aspectos, semelhantes à organização do Estado e a AP, a todo instante, aplica métodos e sistemas da iniciativa privada. O maior exemplo está nas empresas públicas e sociedades de economia mista que, para serem concorrentes efetivas no mercado, têm de se servir dos métodos privados de administrar.

O exemplo está na criação de empregos públicos ao lado dos cargos, como está no art. 37, I, da CF. Ao referir-se a "emprego", pensou-se na flexibilidade e dinâmica próprias da iniciativa privada. Aos cargos resta a atribuição de exercício do cerne da atividade estatal, ligada a aspectos de soberania e autoridade.

Como a AP não se faz sem ambos, a Constituição previu a diferença e, ao mesmo tempo, promove a integração dos dois instrumentos para a atender à dinâmica variada das tarefas públicas.

Finalmente, saliente-se que, com a evolução do Estado constitucional, a AP passou do casuísmo para o direito. Os cargos públicos, antes da Revolução Francesa, eram propriedades privadas, doados ou comprados. A aplicação da lei não tinha a garantia de juízes isentos, nem o Judiciário era capaz de garantir a sua justa aplicação.

A possibilidade de intervenção do soberano ou, nas comunidades locais, das classes dominantes militares, eclesiásticas ou do próprio Estado, relativizavam a administração e traziam incerteza na sua atuação.

Tudo isso mudou com a evolução da sociedade dispersa para a concentração constitucional. Houve, como salientou *Canotilho*, uma "construção" ou "reconstrução" da AP, salientando:

"... Em termos práticos, isto significava que o exercício de cargos e funções públicas não poderia radicar em condições particularísticas de privilégios. Além disso, e em consonância com a idéia de lei geral igual para todos, esse exercício só poderia ser assegurado nos termos da lei. O direito da AP converteu-se, porém, com o desenvolvimento do Estado liberal, em direito positivo do Estado."(6)

Ao objetivar-se, tornando racionais os critérios de sua atuação, o Estado finalizou um longo processo evolutivo tornando estáveis as relações dele próprio com os cidadãos e destes consigo mesmo. Do Estado governado por pessoas passou-se ao Estado dirigido por leis. Do subjetivismo cresceu-se para o objetivismo, tornando a lei, e não o arbítrio, a medida de todas as coisas.

Concretizou-se na História um dos marcos da civilização moderna: a soberania política incorporou-se à soberania jurídica e os governos passaram a ser das leis, não mais dos homens.(7)

5.3. SERVIÇO PÚBLICO

Em virtude de sua múltipla função e do exercício de diferentes atividades no Estado moderno, alguns autores acham que a AP não pode ser definida, mas tão-só descrita. No entanto, em sua função ficam claros os seguintes objetivos:

a) estruturação da vida social — *Sozialgestaltung*;

b) atuação no interesse público — *Verwaltung am öffentlichen Interesse orientiert;*

c) atividade voltada para o futuro — *in die Zukunft gerichtete Gestaltung;*

d) tomada de medidas concretas para a execução de um plano previamente estabelecido — *Maßnahmen zur Regelung von Einzelfallen und zur Verwirklichung bestimmter Vorhaben.*(8)

Definida ou descrita, a AP é uma atividade voltada para um fim. Atua no interesse público e em perspectiva de realização de atos futuros, agindo e tomando medidas segundo plano previamente estabelecido. Este plano pode ser de diferentes conteúdos, de natureza política ou econômica, mas terá de ter um formato jurídico, dentro do qual se arma toda uma estrutura funcional.

A planificação é fruto da intervenção do Estado na vida econômica, rompendo com os princípios clássicos do liberarismo. Plano é "o documento ou a

---

(6) *Op. cit.*, p. 117.
(7) PALOMBELLA, Gianluigi. *Filosofia do direito.* São Paulo: Martins Fontes. 2005, p. 142.
(8) MAURER, Hartmut. *Allgemeines Verwaltungsrecht.* 9 Auf. München: C. H. Beck. 1994, p. 5.

peça técnica decorrente da 'ação de planejar', quando se adota a orientação político-econômica e se indicam medidas para que possam ser atingidos os objetivos considerados convenientes pelos seus elaboradores". Primeiro é a peça técnica, de cunho científico. Depois, a formulação jurídica e finalmente a atuação.[(9)]

Mas a AP, enquanto ação, tem um fim utilitário. Não é uma ação pura nem tem finalidade apenas abstrata. Sua ação é concreta, atua na vida social, principalmente na econômica, para satisfazer a interesses públicos, sociais e individuais. A partir deste momento, transforma-se em serviço, que é exatamente esta ação dirigida e finalística, para lograr efeitos sociais concretos e práticos.

Daqui provém a noção de serviço público que a Administração presta para realizar o bem comum.

A AP adota métodos de organização para cumprir sua ampla finalidade. Como atividade inerente ao Estado, pode prestá-la diretamente (*Ummilttelbare Staatsverwaltung*). Se o objetivo do Estado é o bem comum, nada mais natural do que buscá-lo diretamente, por meios imediatos e por iniciativa própria. Exerce então uma atividade centralizada, através de serviço público por ele mesmo dirigido e organizado.

Como salienta *Dietmar Brandt*,[(10)]

> "Es wäre möglich, daß der Staat selbst sämtliche Verwaltungstätigkeit durch eigene Behörden ausüben würde (unmittelbare Staatsverwaltung). Das führte allerdings zu einer erheblichen staatlichen Machtkonzentrations — einerseits, anderseits aber eventuell auch dazu, das an dem Bürger 'von oben vorbeiverwaltet' würde." (Seria possível que o Estado, através de seus próprios servidores, exercesse a atividade administrativa. Isto, entretanto, levaria, por um lado, a uma excepcional concentração de poder e, por outro, poderia acontecer eventualmente que houvesse omissão, administrando-se apenas lateralmente os interesses do cidadão.)

Concentração de poder e eventuais falhas administrativas levaram o Estado a diversificar os meios administrativos.

Por isso, adotando princípios flexibilizados para poder ampliar a envolvência de sua malha, o Estado foi quebrando paulatinamente esta unidade centralizada para melhor servir. Criou então a administração indireta, em que esta força concentrada se distribui para outros órgãos que, mantendo com a força originária a ligação que lhe dá legitimidade e sentido, cria áreas próprias de atividade e operação.

---

(9) SOUZA, Washington Albino Peluso de, *op. cit.*, p. 378.

(10) BRANDT, Dietmar. *In AllgemeinesVerwaltungsrecht*, herausgegeben VON SCHWEICK, Rudolph. 6 Auf. Stuttgart: Kohlhammer. 1983, p. 43.

Primeiramente foram as autarquias que, dentro do próprio Estado, atuam em parâmetros predeterminados, nos quais organizam sua autonomia e, muitas vezes, os próprios meios da manutenção de seus fins. São segmentos auto-administrativos que se deslocam do Estado, sem dele se separarem completamente.

Diogo de Freitas do Amaral chamou-as de "administração central desconcentrada", ou seja, uma forma de administração incorporada ao Estado, mas que dispõe de órgãos próprios de gestão.(11)

A seguir, verifica-se um afastamento mais profundo, que importa em separação, perdendo-se o conceito de "administração direta", pois o Estado se despe dos meios próprios de exercício de sua atuação, que se faz com autonomia e independência, colocando-se superior a todos os indivíduos e instituições. Diz-se, por isso, direta a administração, ou seja, exerce-se de modo imediato pelo Estado, embora disseminada por órgãos.

Estes, entretanto, detêm, no plano de suas atribuições, as prerrogativas do poder central de onde provêm. Lembre-se, por exemplo, da atividade policial, da saúde pública, das Forças Armadas, para a defesa da Pátria, garantia dos Poderes constitucionais e, por iniciativa de qualquer deles, da lei e da ordem e de um sem-número de outras atividades, constituídas previamente em planos e projetos ou simplesmente exercidas pelos interesses administrativos do momento.

Poder central é, pois, o poder que o Estado exerce no exercício de sua soberania, na condição de grêmio superior a todos os demais, com métodos próprios a que não podem resistir pessoas ou instituições. Tal atividade, é evidente, controla-se pelo Direito, de cujos limites não pode ir além. Mas, no espaço reservado, o Estado atua de modo exclusivo e dominante.

Numa segunda etapa de descentralização, o Estado exerce atividade própria da iniciativa privada. Destacam-se as empresas públicas e as sociedades de economia mista. Aqui o Estado exerce atividade tipicamente privada de produção e comercialização de bens ou de prestação de serviços. Mesmo nestes casos, estas empresas continuam tendo "função social" (art. 173, II), observando-se, para a licitação e contratação de obras, serviços, compras e alienações, os mesmos princípios da administração pública.

A constituição e o funcionamento de conselhos de administração e fiscal, bem como a avaliação de desempenho e responsabilidade dos administradores constituem outros exemplos da vinculação destas empresas ao interesse público.

Cite-se ainda a exigência de concurso público para a contratação de seus servidores, cujo regime é necessariamente o celetista.

---

(11) AMARAL, Diogo Freitas do. *Curso de direito administrativo.* Coimbra: Almedina. 1986, p. 304.

Numa terceira etapa de descentralização, o Estado transfere a prestação de serviço público para empresas privadas por meio de permissões, concessões, autorizações.

Neste caso, o deslocamento do serviço público para as empresas particulares é uma poderosa ferramenta para a realização de serviço público, que já encontra uma estrutura montada de natureza competitiva e dinâmica para realizá-lo com qualidade.

Finalmente, as parcerias público-privadas.

Nestes setores, o Estado se afasta da "administração direta" porque nela predominam interesses ligados à esfera individual, grupal ou associativa, em que prepondera o interesse de seus membros.

Quando se trata de atividade econômica, o afastamento do Estado de sua "centralidade", assumindo outras formas jurídicas, passa a ser um imperativo e uma condição de funcionalidade do setor, porque, se o Estado agisse com exclusividade, estaria afastada a concorrência, que a experiência histórica do regime capitalista e liberal colocou como centro da atividade produtiva.

Por isso a Constituição proibiu ao Estado, salvo em casos expressos, a exploração direta da atividade econômica. Se quiser praticá-la, utilizar-se-á das empresas públicas e sociedades de economia mista, que se sujeitarão ao regime jurídico das empresas privadas. Terá então de se submeter à concorrência e conseqüentemente ao risco e à incerteza próprios de quem empreende.

A administração pública desenvolveu uma ampla malha de atuação, para realizar os fins complexos e difíceis que dela espera a sociedade no pós-moderno. E, como salienta *Diogo de Freitas Amaral*, "... Esses fins ou atribuições têm tido tendência a tornar-se cada vez mais numerosos, cada vez mais complexos e cada vez mais diversificados".[(12)] Caberá agora a escolha do meio adequado para se obter o fim pretendido.

O deslocamento das atividades da administração pública do centro para áreas periféricas é uma tentativa sem dúvida inteligente e engenhosa do Estado moderno. Percebeu-se que a atividade centralizada, realizada por meios públicos e convencionais, é rígida, formal e burocratizada, a qual recebeu do economista e filósofo *Frank H. Knight* esta crítica arrasadora:[(13)]

> "A verdadeira dificuldade das burocracias não é que sejam precipitadas, mas exatamente o contrário. Quando não verdadeiramente carcomidas pela desonestidade e corrupção, mostram universalmente a tendência de

(12) *Op. cit.*, p. 303.
(13) KNIGHT, Frank H. *Risco, incerteza e lucro*. Rio de Janeiro: Expressão e Cultura. 1972, p. 372.

'buscar segurança' e tornar-se desesperadamente conservadoras. O grande perigo a temer-se do controle político da vida econômica sob as condições corriqueiras não é bem a dissipação imprudente dos recursos sociais, mas sobretudo a retenção do progresso e a vegetação da vida."

Deixando-se de lado a corrupção, que é um mal do Estado contemporâneo, com ênfase no Estado brasileiro, a "busca da segurança" nos processos decisórios do Estado, enquanto administrador direto, é inegável.

Com receio de decidir e assumir conseqüências, a burocracia adia, dificulta, empurra e dissimula. Papéis correm mesas, seções e chefias. Despachos se superpõem e decisões se adiam. Como o mundo contemporâneo exige pressa e soluções rápidas, a contradição se mostra insuperável e destruidora.

A crítica vale também para o Judiciário, cuja cultura burocrática da sucessividade de tudo, desde os despachos até sentença e intermináveis recursos, simboliza a crítica de *Frank Knight*.

Os juízes, receosos de dar um passo à frente e temerosos de assumir responsabilidades que, em tese, lhes poderiam trazer algum tipo de responsabilidade pessoal, fecham-se na burocracia que, por ser um estado geral, não lhe pode trazer imputação alguma.

O resultado é o que se vê: fala-se em reforma do Judiciário, apontam-se os males de sua lerdeza e o emperramento de sua burocracia, mas não se toma uma medida concreta para superar o mal.

O exemplo está no tema que ora abordamos. Quantos anos demorou o STF para tornar o MI um instrumento útil e funcional, tal como a Constituição o criou?

O infundado receio de invadir a competência de outros poderes e ser por isso criticado levou o Judiciário a procurar na burocracia a segurança de suas decisões. A questão ficou formalmente resolvida, mas custou, nas palavras de *Frank Knight*, "a retenção do progresso e a vegetação da vida". Só anos depois acordou-se para a realidade, corrigindo-se o erro histórico.

5.4. SERVIDOR PÚBLICO

Para realizar seus fins, o Estado serve-se da AP. Esta realiza uma atividade metódica, permanente e racional para atingi-los. Pratica o serviço público, que é a designação técnica para expressar a atividade administrativa. O serviço público, por sua vez, a exemplo do que acontece no direito privado, precisa de agentes *(Träger)*, ou seja, de servidores que executem tais serviços. São os agentes públicos.

Por "agentes públicos", em sentido lato, entendem-se todos os que, por qualquer vínculo ou atividade, exerçam uma função ou atividade pública, pouco importando que seja episódica ou definitiva, remunerada ou gratuita. O importante é que, com sua ação, influencie a AP e colabore para a realização de seus fins.

Neste sentido, como salienta *Celso Antônio Bandeira de Mello*, a noção abrange

"Tanto o Chefe do Poder Executivo (em todas as esferas) como os senadores, deputados e vereadores, os ocupantes de cargos ou empregos públicos da Administração direta dos três Poderes, os servidores das autarquias, das fundações governamentais, das empresas públicas e sociedades de economia mista nas distintas órbitas de governo, os concessionários e permissionários de serviço público, os delegados de função ou ofício público, os requisitados, os contratados sob locação civil de serviços e os gestores de negócios públicos."(14)

Não importa o título jurídico da vinculação, mas a atuação efetiva com reflexos na AP, de tal forma que o agente contribua para a obtenção de seus fins.

A variedade da vinculação corresponde às inúmeras e incontáveis funções que a AP presta à sociedade nos dias atuais,(15) organizadas através de um serviço público com as mesmas características, personificado em agentes diversificados.

Este amplo leque oferece títulos jurídicos igualmente variados, que suscitam questões jurídicas próprias, que não serão objeto deste trabalho. Aqui, interessam-nos aqueles agentes que, através de investidura própria, ocupam cargos públicos, ficando sujeitos à legislação especial, definidora e reguladora da atividade normalmente prestada, firmando com o Estado um contrato e mantendo com ele um vínculo profissional.

Dentre eles, ficam excluídos os que se vinculam com a administração através de emprego público (por exemplo, os empregados de empresa pública e sociedade de economia mista), porque a eles se aplica normalmente a legislação trabalhista. Quanto aos servidores regidos pela Lei n. 9.962/00, o tema será tratado oportunamente, sob o aspecto da greve.

---

(14) *Op. cit.*, p. 235.

(15) BRANDT, Dietmar. *In AllgemeinesVerwaltungsrecht*, herausgegeben VON SCHWEICK, Rudolph. *op. cit.*, p. 42.

6. NATUREZA DO VÍNCULO DO SERVIDOR PÚBLICO COM O ESTADO

O vínculo do servidor com o Estado teve uma origem histórica unilateral.[1] Sendo portador, ainda que em parte menor, da soberania do Estado através do cargo ocupado, sua atividade haveria de identificar-se com a própria atividade estatal. O servidor público foi concebido como um agente da soberania.

O art. 33, 4, da Lei Fundamental alemã é indicativo preciso desta situação. Na síntese que pretendemos fazer aqui, ele é suficiente. Ali se diz que

"(4) Die Ausübung hoheitsrechtlicher Befugnisse ist als ständige Aufgabe in der Regel Angehörigen des öffentlichen Dienstes zu übertragen, die in einem öffentlich-rechtlichen Dienst- und Treueverhältnis stehen.

"(5) Das Recht des öffentlichen Dienstes ist unter Berücksichtigung der hergebrachten Grundsätze des Berufsbeamtentums zu regeln und fortzuentwickeln." (O exercício de competências de soberania é, de modo geral, tarefa permanente de pessoas vinculadas ao serviço público, os quais se situam numa relação de serviço e fidelidade de direito público. O Direito inerente ao serviço público será regulado e se desenvolverá considerando-se os princípios deduzidos da carreira de servidor público.)

Havia assim uma forte vinculação ao Estado de trabalho e fidelidade, sendo o servidor um agente da soberania estatal. E assim haveria de constituir-se e se desenvolver a relação do servidor com o Estado.

Esta concepção foi a que reinou em grande parte do século passado.

Hoje, conforme ficou demonstrado anteriormente, a AP, através do serviço público, exerce uma atividade multifária.

Continua com a natureza pública e nunca a perderá, porque sua finalidade é servir a sociedade como um todo. Mas modificou-se radicalmente o modo de prestá-lo.

As formas variadas que o serviço público hoje assume não o vinculam mais ao Estado com uma relação de soberania, embora, insista-se, permaneça a finalidade básica de servir ao povo.

---

(1) Para a origem do servidor público e as vicissitudes de sua regulamentação jurídica, ver ÁLVARES DA SILVA, Antônio. *Os servidores públicos e o direito do trabalho.* São Paulo: LTr. 1993, p. 18 e ss.

O servidor público tornou-se um profissional independente e, muitas vezes, é regido até mesmo por normas de direito privado e, às vezes, é um órgão do próprio direito privado, como nos casos de delegação, concessão e autorização. O interesse público está na finalidade e não no sistema jurídico dentro do qual a ação se desenvolve.

Esta mudança tem raízes históricas facilmente perceptíveis.

Ao iniciar-se o século XX, as funções atribuídas à AP aumentaram significativamente. O Estado ampliou consideravelmente os serviços públicos para fazer frente às necessidades diversificadas da sociedade, que crescia em diferentes setores e apresentando problemas em diferentes áreas.

A globalização da economia, a produção além de fronteiras nacionais e continentais,[2] as novas relações políticas e sociais ditadas pelo *Welfare State*, obrigando o Estado a tomar atitudes positivas em prol da sociedade organizada, o respeito aos direitos humanos como obrigação internacional, importando em atividades de controle e vigilância, tudo isso aumentou significativamente os serviços públicos.

A categoria, antes limitada e de caráter elitista do servidor público funcionário, tornou-se insuficiente para enfrentar os novos tempos. Era preciso mais gente e mais trabalho.

A AP passou então a admitir servidores a título precário, quando comparados com a segurança e estabilidade do servidor tradicional (*Beamter*). A primeira categoria, diante da insuficiência jurídica e econômica de sua situação, passou a organizar-se, como os demais trabalhadores, em sindicatos, negociando convenções coletivas e pressionando a administração.

Esta situação cresceu no decorrer do século XX, até que se formasse uma nova categoria de servidores públicos, exercendo atividades administrativas praticamente iguais aos chamados funcionários. Aumentando em número e prestígio, tornou-se um instrumento imprescindível na AP de todos os Estados contemporâneos.

A chamada administração central ou direta (*Unmitelbare Verwaltung*) cindiu-se na administração indireta (*Mitelbare Verwaltung*), que se organizou em várias instituições de prestígio tanto na área econômica como social.

O fenômeno ficou conhecido como "paraestatalidade", que superou a dicotomia clássica indivíduo-estado, para ocupar o lugar que a nova situação social lhe reservara.

---

(2) HOBSBAWN, Eric. *O novo século*. São Paulo: Schwarcz, 1999, p. 72.

Ainda ligado ao Estado pela "öffentlich-rechtliches Dienst- und Treueverhältnis", o *Beamter*, privado dos modernos meios de negociação com o Estado — organização em sindicato, negociação coletiva e direito de greve —, passou a ficar na retaguarda e não mais na vanguarda. Perdeu *status* e vantagens. Estagnou-se na evolução do tempo.

Os servidores comuns passaram a ocupar cargos, antes reservados apenas a funcionários e, em suas reivindicações salariais, o parâmetro era o salário obtido em negociação coletiva pelos servidores paraestatais.(3)

Diante de todos estes fatos, a exposição e a visão do problema no direito comparado faz-nos chegar às seguintes conclusões:

a) a distinção entre funcionário (servidor público, na atual nomenclatura do direito brasileiro) e empregado público é impossível diante do atual estágio da Administração Pública;

b) não há critérios científicos que autorizem a Administração Pública a contratar empregados ou admitir funcionários;

c) o elemento publicístico e unilateral, característico da relação administrativa do funcionário com o Estado (teoria organicista), e o elemento volitivo, característico da relação contratual do empregado com a administração (teoria contratual), são fatores em permanente interatividade na relação jurídica do funcionário e do empregado com a Administração Pública;

d) o elemento publicístico prepondera na relação administrativa do funcionário público, cujos direitos e deveres são, em princípio, fixados unilateralmente através de lei (estatutos) a que ele obrigatoriamente adere;

e) o elemento contratual prepondera na relação de trabalho, existente em maior grau na paraestatalidade, por causa da adoção dos mecanismos de direito privado que regem a atividade administrativa exercida sob esta forma, embora não esteja excluído da administração direta onde freqüentemente se depara com servidores contratados pelo regime relativo aos empregados privados.(4)

---

(3) ÁLVARES DA SILVA, Antônio. *Os servidores públicos e o Direito do Trabalho*, *op. cit.*, p. 27.

(4) Era este aliás o caso do direito brasileiro no âmbito federal antes da Lei n. 8.112/90 e continua sendo em alguns municípios. Há ainda um sem-número de contratações anômalas de servidores por municípios em todo o Brasil. Premidos pela necessidade ou por nepotismo, com boa ou má inspiração, os municípios contratam servidores sem concurso público. O TST, ao editar a Súmula n. 363, assume posição insensível e radical sobre o problema:

Súmula 363 — Contrato nulo. Efeitos *(Res. 97/2000, DJ 18.09.2000 — Rep. DJ 13.10.2000 e DJ 10.11.2000. Redação alterada pela Res. 111/2002, DJ 11.04.2002. Nova redação — Res. 121/2003 — DJ 19.11.2003)*

Estes itens conclusivos nos conduzem à afirmativa de que, por não existir um critério seguro para a escolha do vínculo do servidor para o Estado, também não existe um modelo jurídico único que possa regulá-lo com eficiência e exclusividade.

A presunção de que o regime estatutário oferece melhores condições de trabalho e de eficiência ao servidor público no desempenho de suas funções é uma afirmativa sem confirmação na realidade.

A propalada garantia no cargo, que lhe garantiria isenção e autonomia, não é suficiente para distingui-lo dos demais, porque a garantia no emprego é um atributo reconhecido a todo trabalhador e, conseqüentemente, uma prerrogativa de todo ordenamento jurídico a que o servidor possa submeter-se.

Exatamente neste sentido, a Convenção n. 158 da OIT que, no art. 4º, disse: "Não se dará término à relação de trabalho de um trabalhador a menos que exista para isso uma causa justificada relacionada com sua capacidade ou seu comportamento ou baseada nas necessidades de funcionamento da empresa, estabelecimento ou serviço".

Sobre este artigo, escrevemos:

> "Ao exigir uma causa justificada, limita-se o direito e termina para o empregador a liberdade de despedir. Não basta agora que conceda aviso-prévio, pague certas indenizações tabeladas na lei (por exemplo, férias e 13º proporcionais, FGTS) e se livre do empregado. Acabou a 'denúncia vazia' do contrato de trabalho."(5)

A contratação de servidor público, após a CF/1988, sem prévia aprovação em concurso público, encontra óbice no respectivo art. 37, II e § 2º, somente lhe conferindo direito ao pagamento da contraprestação pactuada, em relação ao número de horas trabalhadas, respeitado o valor da hora do salário mínimo, e dos valores referentes aos depósitos do FGTS. Ou seja, nega a relação empretatícia desta contratação anômala, mas dá-lhe o principal efeito, que é o salário. Além do mais, comete outro erro grave de perspectiva e desconhecimento da situação real. Como se vincula ao serviço público desta forma o trabalhador nunca pretendeu, nem é possível, ser servidor público, pois não foi nomeado para nenhum cargo, nem fez qualquer concurso. Inseriu-se na administração pública municipal, à qual prestou trabalho lícito. Se não é servidor público, só pode ser trabalhador. *Tertius non datur*, porque não há em nosso direito uma terceira situação. Mas a jurisprudência, por mero comodismo, fecha os olhos à realidade e entrega-se ao formalismo. Se não há concurso, a admissão é nula e o contrato só tem direito a salário proporcional às horas trabalhadas e FGTS. Além da contradição de dar efeito ao que é, segundo a própria súmula, inconstitucional, comete-se outro equívoco: o de desconhecer a realidade em que vivemos e negar as situações concretas que dela nascem. Negar efeito a trabalho lícito prestado a município sem vínculo estatutário é instituir oficialmente o trabalho escravo na realidade urbana, ou seja, trabalhar licitamente e não receber a contraprestação devida, por obra da própria Justiça.

(5) ÁLVARES DA SILVA, Antônio. *A Convenção 158 da OIT e a garantia no emprego*. São Paulo: Ltr. 1996, p. 68.

A incapacidade é a inaptidão para o exercício do trabalho, que pode manifestar-se por falta de preparo técnico ou profissional e ainda por elementos objetivos, tais como doença, acidente, inadaptação.

Aqui o comportamento não é de natureza intencional. Trata-se de um agir insuficiente para a expectativa natural de uma produtividade normal, que por qualquer razão não se mostrou presente e, pela sua continuidade, termina por impossibilitar o prosseguimento da relação de trabalho.

Já a menção a comportamento propriamente dito, no texto do art. 4º, significa intencionalidade, com participação da vontade do empregado. Pode ser de duas espécies:

a) comportamento que significa falta leve, tais como negligência, desleixo, desatenção, falta de interesse e desempenho;

b) comportamento que significa falta grave. É o que, no direito brasileiro, se considera justa causa: um modo de proceder que importa em séria violação do contrato de trabalho: improbidade, indisciplina, furto, roubo, condenação criminal, desídia, abandono de emprego etc.

Nesta última hipótese, a dispensa pode ser imediata e o empregado não faz jus a qualquer indenização.

O último elemento — necessidade de funcionamento da empresa, estabelecimento e serviço — atenta para as vicissitudes da atividade empresarial que também podem justificar a dispensa: crise econômica do mercado ou da empresa, rebaixamento de vendas, informatização, reestruturação e tudo mais que possa ocasionar a necessidade de dispensar.

São as causas vistas pelo lado empresarial, que também servem de fundamento à dispensa motivada.

A OIT, com sua reconhecida experiência, estabeleceu um sistema com freios e contrapesos, que atenta para os interesses dos dois lados da relação de emprego.

Esta proteção pode estender-se ao serviço público, com muito mais proveito do que a situação atual, porque considera com propriedade e equilíbrio os dois lados da relação de emprego, não só para mantê-la, mas também para terminá-la. Nada há que impeça a transposição.

A única adaptação que se poderia fazer consiste em apurar estas causas em procedimento prévio, anterior à dispensa, mas de modo rápido e imediato, através de um conselho ou comissão interna, de cuja decisão caberia um único recurso ao Judiciário, de efeito apenas devolutivo.

Para certas profissões que, pela sua importância, tangenciam a própria soberania estatal — juízes e Ministério Público, por exemplo —, as garantias da vitaliciedade, inamovibilidade e irredutibilidade se manteriam.

Para o restante dos servidores deveria haver um estatuto único, com direitos iguais, que não mais faria qualquer distinção entre trabalhadores que trabalham para o Estado ou para a iniciativa privada.

Hoje, os estatutos ou leis à parte são um rol de formalidades com algumas poucas disposições úteis. Na maioria predomina o desnecessário e, muitas vezes, estabelecem-se privilégios e corporativismos injustificáveis.

Mesmo nos países em que o "funcionário público" tem uma situação bem definida, como na Alemanha, a situação dá sinais de evidente mudança.

Depois da Segunda Guerra, até então intacto, o *status* do funcionário (*Beamter*) começou a abalar-se.

O Sindicato dos Serviços Públicos, Transporte e Trânsito — ÖTV — hoje incorporado à União dos Sindicatos de Prestação de Serviço — Ver-Di — desenvolveu a idéia de uma concepção unitária da prestação de serviços públicos — *Die Konzeption eines einheitlichen Dienstrechts,* que teve como base as mudanças políticas operadas principalmente a partir dos anos 1960, pondo em dúvida a situação privilegiada dos funcionários cujo *status* diferenciado não tinha mais sentido naqueles tempos de pujança e crescimento.

Começou-se a falar numa adaptação — *Angleichung* — de ambos os lados, pois a condição jurídica do funcionário mostrou-se inapropriada, já que não havia nenhuma função no serviço público que fosse exclusiva de empregado ou funcionário. Ambos estavam aptos a ocupá-la, independentemente da regulamentação jurídica.

Houve também a consciência de que o *status* jurídico do funcionário, excessivamente fixo e imobilizado, baseado na hierarquia e sem elos de cooperação, impedia um trabalho comum, harmônico e de maior produtividade, que de todos era então exigida.

Também uma série de greves nos anos 1960 mostrou que os servidores públicos passaram a ser reivindicativos e que não bastava mais a proteção do Estado em troca do princípio da fidelidade.

A situação hoje está nesta condição. Não se operou o desmonte pleno da estrutura formal do serviço público alemão, mas o funcionário se serve da comparação com os níveis salariais do servidor público e mesmo do trabalhador em geral para fazer suas reivindicações.

A adaptação (*Angleichung*) já é uma realidade admitida pelas lideranças sindicais, mas importa numa radical mudança da estrutura do Estado alemão. Por isso, prossegue em passos lentos do ponto de vista legal, mas vista do lado prático já é uma realidade.[(6)]

A conclusão que se retira de todo o exposto é que o serviço público tende a uma unidade, que não será estatutária nem trabalhista, na pureza dos dois sistemas. O fato é que o público se transformou em privado e o privado em público. A AP não tem mais uma natureza jurídica definida no que tange ao servidor.

Mostra-se então plenamente possível a idéia de um código do trabalho em que se contenha toda a regulação do trabalho humano: dos empregados, dos trabalhadores autônomos, dos servidores públicos, inclusive dos juízes e do Ministério Público.

Uma parte geral estabeleceria os direitos e deveres comuns e uma parte especial cuidaria das particularidades de cada setor.

Com isso, obteríamos uma visão sistemática e integrada do problema do trabalho, enquanto objeto das relações jurídicas, e perderíamos este ranço atomizado e territorial de cada um destes setores, que cederia lugar a uma visão integrada e abrangente do objeto comum, ou seja, do trabalho humano. Por certo, corrigiríamos muitos erros e veríamos as virtudes, que também existem.

---

(6) Veja-se, sobre o tema, a exposição de DÄUBLER, Wolgangd. *op. cit.*, p. 927 e ss., de onde tiramos as idéias centrais deste tópico.

7. O REGIME JURÍDICO DO SERVIDOR PÚBLICO NA CONSTITUIÇÃO

O art. 39 da CF tinha a seguinte redação:

"A União, os Estados, o Distrito Federal e os Municípios instituirão, no âmbito de sua competência, regime jurídico único e planos de carreira para os servidores da Administração Pública direta das autarquias e das fundações públicas."

O artigo suscitou renhidas controvérsias. A maioria dos autores entendeu que o regime jurídico único — RJU era o único possível, alinhando uma série de argumentos, que já tivemos a oportunidade de responder um a um.[(1)]

Agora temos de voltar ao tema, que se tornou novamente atual em razão da declaração de inconstitucionalidade do *caput* do art. 39, conforme se verá a seguir.

Os principais argumentos foram os seguintes:

1 — O regime era o estatutário pelo fato de o art. 37 ter usado, em seus itens, nomenclatura própria de Direito Administrativo: padrões de vencimento, carreiras, investidura, cargos, remuneração de servidores, cargo em comissão, exoneração e assim por diante.

2 — Quando a CF utilizou a palavra "emprego" no art. 37, I, estava se referindo à relação de trabalho das autarquias e empresas públicas. Seu objetivo não era introduzir o emprego na administração direta.

3 — Somente no RJU o sistema de mérito é o primado do interesse público, garantia contra abusos do poder político e vias de responsabilização próprias.

4 — O trabalhador é o fim da legislação trabalhista e o servidor público é meio para a legislação estatutária.

5 — O regime trabalhista ofende o princípio federativo, porque só à União compete legislar sobre Direito do Trabalho.

(1) ÁLVARES DA SILVA, Antônio. *Os servidores... op. cit.*, p. 43.

6 — O *caput* do art. 39, ao determinar que a União instituirá, além do regime único, planos de carreira, optou decididamente pelo RJU, pois "planos de carreira" são próprios deste sistema e não do celetista.

7 — O estatuto é unilateral e a relação de trabalho tem conteúdo negocial. O RJU tem por finalidade o interesse público, enquanto a legislação do trabalho procura conciliar o capital com o trabalho.

Estes argumentos, aqui apresentados em resumo, não são suficientes para permitir a conclusão de que o regime jurídico referido no art. 39 era o estatutário. Vamos respondê-los.

1 — Pelo fato de o art. 39 ter usado em seus itens nomenclatura própria de Direito Administrativo e conseqüentemente adequadas ao RJU, não significa que esta tenha sido a opção do legislador.

A resposta é a mais simples possível. A CF usou nomenclaturas próprias do RJU, exatamente para definir os parâmetros em que ele deveria ser adotado pelo legislador ordinário. Antecipou inclusive a regulamentação de certos institutos, tais como previdência social e aposentadoria.

Não precisaria fazer o mesmo para a legislação trabalhista, porque toda a estrutura jurídica da relação de trabalho já estava pronta na CLT e seus princípios já estavam também fixados no art. 7º da própria Constituição.

Os "planos de carreira", como é lógico, se referem aos servidores públicos. Mas isso não exclui que o regime celetista também os institua, se esta for a vontade do empregador ou do empregado em negociação coletiva: o art. 7º fala em "outros direitos" e, no inciso XXVI, garante a convenção coletiva. O termo "carreira" é usado inclusive pela CLT: art. 461 — pessoal organizado em quadro de carreira.

Nomenclatura relativa a sistemas de organização não são suficientes para autorizar interpretação da Constituição, principalmente em ponto tão relevante.

2 — A palavra "emprego" no art. 37, I, não se refere a empregos em autarquias e empresas públicas, pois não precisaria repetir o que está no art. 173, § 1º, II. Às empresas públicas e sociedades de economia mista se aplica o Direito do Trabalho. Por isso, o uso do termo "emprego", ao lado de cargo, teve outra conotação: deixar expresso que o regime de emprego, ou seja, o trabalhista também poderia ser usado na administração direta.

Esta interpretação se confirmou pela edição da Lei n. 9.962/00, cujo art. 1º diz:

" O pessoal admitido para emprego público na Administração federal direta, autárquica e fundacional terá sua relação de trabalho regida pela Consolidação das Leis do Trabalho, aprovada pelo Decreto-lei n. 5.452, de 1º de maio de 1943, e legislação trabalhista correlata, naquilo que a lei não dispuser em contrário."

Não se há de usar de uma interpretação inócua, que a nada leva, para inutilizar outra, que pretende garantir à Constituição o que ela quis efetivamente inovar.

Quando se encontram em estado de conflito, cumpre ao intérprete conciliar os bens e valores protegidos pela Constituição.[2] É o princípio da concordância prática, definido por *Konrad Hesse*[3] nestes termos:

"In engem Zusammenhang damit steht das Prinzip praktischer Konkordanz: Verfassungsrechtlich geschützte Rechtsgüter müssen in der Problemlösung einander so zugeordnet werden, daß jedes von ihnen Wirklichkeit gewinnt. Wo Kollisionen entstehen, darf nicht in vorschneller Güterabwägung oder gar abstrakter Wertabwägung eines auf Kosten des anderen realisiert werden. Vielmehr stellt das Prinzip der Einheit der Verfassung die Aufgabe einer Optimierung: beiden Gütern müssen Grenzen gezogen werden, damit beide zu optimaler Wirksamkeit gelangen könne." (Em estreita correlação está o princípio da prática concordância: os bens constitucionalmente protegidos devem ser ordenados uns perante os outros de tal forma que cada um deles ganhe concretitude. Se há oposição (colisão), não se pode, em precipitadas compensações de interesse ou de valores, sacrificar um em função do outro. Superiormente se coloca o princípio da unidade da constituição: deve dar-se individualidade a cada um, a fim de que ambos obtenham a melhor realização possível.)

3 — O RJU não tem o monopólio de guarnecer o mérito nem o primado do interesse público. Estes valores dependem de um conjunto de medidas que vão desde as normas jurídicas até o patrimônio moral de um povo. O Direito é apenas um destes fatores, não o único, nem mesmo o mais importante.

Já se afirmou que o emprego pode ter todas as garantias inerentes ao serviço público. A proteção contra a dispensa não é fator exclusivo do RJU.

Por outro lado, sabe-se muito bem, pela experiência dos povos cultos, que o excesso de proteção pode levar ao extremo oposto do valor nele pretendido.

O servidor torna-se conformado, insensível e indiferente aos interesses do povo a quem deve, por princípio constitucional, servir. A garantia protege o

---

(2) MENDES, Gilmar Ferreira; COELHO, Inocêncio Mártires; BRANCO, Paulo Gustavo Bonet, *op. cit.*, p. 112.

(3) HESSE, Konrad. Grundzüge des Verfassungsrechts der Bundesrepublik Deutschland. 15 Auf. Heidelberg, Convenção C. F. Müller, 1985, p. 27.

servidor e desprotege o povo. Um certo grau de insegurança, ou seja, a certeza de que não está totalmente seguro pode ajudar muito o servidor público a servir.

Portanto, sob qualquer regime, o servidor e o serviço que presta podem ser eficientes ou deficitários. Tudo dependerá do homem que presta o serviço e não do regime que o disciplina.

Em países como a Itália, onde só há um regime para a relação de trabalho, ninguém até hoje afirmou que a "contratualização" do serviço público, como os autores freqüentemente dizem, não levou o serviço público italiano ao caos nem se pensa em transformá-lo. Trataremos deste interessante tema no final deste livro.

4 — A relação de meio-fim é um princípio lógico. A todo meio se atribui uma conotação instrumental exatamente para que se possa atingir um fim. Não há ação humana destituída de finalidade e não seria o RJU que iria desautorizar esta universal verdade.

Quer na relação de trabalho, quer na estatutária, estão presentes os fins da AP: praticar serviço público necessário e útil a todos.

Por que o servidor seria apenas meio na legislação estatutária? Acaso trabalharia sem sentido e finalidade?

Se levarmos em conta que o estatuto e a CLT são regulamentações do trabalho humano, ambos servem necessariamente a duas finalidades:

a) disciplinar o regime jurídico a que se submete o trabalhador, servidor público ou celetista;

b) prover o Estado do trabalho por eles prestado. Aqui se pensa no resultado, ou seja, na atividade, independentemente de quem a prestou.

Conclusão: ambos os regimes são, a um só tempo, instrumentais e finalistas. Portanto, não será por este caminho que vamos valorizar um e desprezar o outro.

5 — O regime celetista não ofende o regime federalista pelo fato de só a União poder legislar sobre Direito do Trabalho. Aqui também cumpre distinguir.

A partir do momento em que a União, o Estado, o Município ou o Distrito Federal optem pelo regime jurídico único trabalhista, esta opção serve para determinar a natureza da regulação jurídica de seus trabalhadores. Ou seja, eles terão os direitos próprios do Direito do Trabalho que não coincidem, como todos sabem, com o estatutário.

Mas isto não significa que estas pessoas de Direito Público ficam escravas da legislação trabalhista existente e terão de esperar pela lei federal. Pelo contrário, poderão criar um regime trabalhista próprio para seus servidores, exatamente como fez a União para seus empregados, editando a Lei n. 9.962/00, que, ao mesmo tempo, adere ao Direito do Trabalho vigente e cria disposições especiais. Veja-se o art. 3º, em que se mesclam justas causas da CLT com outras de interesse do serviço público.

Aliás, a lei é expressa em salientar, no art. 1º, que a legislação trabalhista regerá o emprego público, salvo naquilo em que a lei não dispuser em contrário. A lei trabalhista pode divergir da CLT e tomar caminho próprio, dentro dos princípios do Direito do Trabalho adaptado ao serviço público.

Portanto, as pessoas de Direito Público que optarem pelo regime trabalhista têm autonomia para legislar sobre Direito do Trabalho em seu próprio interesse, o que valoriza (e não desfigura) o regime federalista.

6 — Sobre este item já se falou anteriormente.

7 — O caráter negocial da norma trabalhista e a rigidez da norma estatutária.

Este dispositivo tem apenas aparência de verdade e de convencimento. Analisado em profundidade, pouco ou nada serve a seus propósitos.

O fato é que ambos os sistemas são rígidos. Tanto que hoje, na doutrina trabalhista, a tônica da discussão gira em torno da flexibilização e da desregulação. Se a lei trabalhista não fosse rígida, não teria sentido falar-se em flexibilizá-la e desregulá-la.

Há, na lei trabalhista, um bloco tão rígido de proteção que muitos falam até mesmo num contrato de adesão, em que o único espaço livre que resta ao trabalhador é apenas o de optar pelo emprego. Depois, uma vez localizado na empresa, toda a teia protetiva desce para ampará-lo.

Mas nem por isso a negociação coletiva deixou de existir nas relações de trabalho. Pelo contrário. Existe e hoje é exatamente a via de sua modernização. Ela opera exatamente além dos direitos garantidos em lei, funcionando como respiradouro do sistema, trazendo para a relação de trabalho o que o legislador não foi capaz de trazer.

Em países mais desenvolvidos, ela é o grande instrumento de modernização das relações de trabalho. Hoje, segundo *Brox/Rüthers/Hensler*, 90% dos trabalhadores alemães estão sob o pálio de convenções coletivas.(4)

---

(4) BROX, Hans; RÜTHERS, Bernd; HENSSLER, Martin. *Arbeitsrecht*.16 Auf. Stuttgart: Kohlhammer, 2004, p. 206.

Mutatis mutandis, ou seja, mudando o que deve ser mudado, com os servidores públicos é a mesma coisa. A negociação coletiva operará além do que já estiver nos estatutos, criando direitos novos entre o Estado e seus servidores, funcionando aqui também como instrumento de atualização do sistema, para adaptá-lo à realidade das exigências de nossos dias. E esta permanente atividade de transformação não se há de esperar do legislador.

Lembre-se, como já foi demonstrado, que as exigências da administração hoje são complexas e multifárias, exigindo do Estado um esforço tão grande como se exige da iniciativa privada, para fazer frente aos problemas, sempre novos e desafiadores do pós-moderno.

A negociação coletiva, embora não explicitamente acolhida nos direitos trabalhistas do art. 7º que a CF mandou aplicar aos servidores, ocupantes de cargo público, restou implicitamente acolhida, pois, quem tem direito de sindicalizar-se e fazer greve tem automaticamente direito de negociar.

Se não admitirmos o princípio (art. 5º, § 2º da CF), vamos cair num paradoxo: a CF dá o sindicato, mas o servidor público não pode exercer as atribuições sindicais. A CF garante o direito de greve, mas não pode negociar para evitar a greve ou para terminá-la. Então, a pergunta: para que serve estes institutos constitucionalmente garantidos? Muitas vezes o legislador mente, porque nega ou desconhece a realidade. Mas será que a Constituição também aprendeu este comportamento?

Qual a conclusão de todos estes argumentos? Só pode ser uma: pela redação anterior, a União, os Estados, os Municípios e o Distrito Federal deveriam instituir ("instituirão"), no âmbito de sua competência, regime jurídico único e planos de carreira para servidores da AP direta, das autarquias e das fundações públicas.

A ressalva "no âmbito de sua competência" se interpretava em dois sentidos:

a) no âmbito da União, dos Estados, dos Municípios e do Distrito Federal, seria instituído RJU, de natureza estatutária, tanto para a administração direta, quanto para as autarquias e fundações públicas;

b) o RJU, de natureza estatutária ou trabalhista, deveria ser único, mas não para a administração direta, autarquias e fundações públicas, ao mesmo tempo, mas para cada uma delas individualmente. Ou seja, na administração direta, por exemplo, não poderia haver empregados e servidores. Ou um ou outro. E assim também nas autarquias e fundações públicas.

8. A DECLARAÇÃO DE INCONSTITUCIONALIDADE DO ART. 39, *CAPUT*, DA CONSTITUIÇÃO FEDERAL

Quando o assunto já estava praticamente resolvido e pacificado por si mesmo, o STF proferiu medida cautelar na ADIn 2.134-A do seguinte teor (voto retirado do *site* do STF):

MED. CAUT. EM AÇÃO DIRETA DE INCONSTITUCIONALIDADE 2.135-4 (4) — SUPREMO TRIBUNAL FEDERAL — DOU 14.08.2007
PROCED.: DISTRITO FEDERAL
RELATOR ORIGINÁRIO: MIN. NÉRI DA SILVEIRA
RELATORA PARA O ACÓRDÃO: MIN. ELLEN GRACIE (ART. 38, IV, *b*, DO RISTF)
REQTE.: PARTIDO DOS TRABALHADORES — PT
ADVDOS.: LUIZ ALBERTO DOS SANTOS E OUTROS
REQTE.: PARTIDO DEMOCRÁTICO TRABALHISTA — PDT
ADVDOS.: HUGO LEAL MELO DA SILVA E OUTRO
REQTE.: PARTIDO COMUNISTA DO BRASIL — PC DO B
ADV.: PAULO MACHADO GUIMARÃES
REQTE.: PARTIDO SOCIALISTA DO BRASIL — PSB
ADVDOS.: LUIZ ARNÓBIO BENEVIDES COVÊLLO E OUTRO
REQDO.: CONGRESSO NACIONAL

Decisão: Após o relatório e as sustentações orais da tribuna, pelo requerente, Partido dos Trabalhadores — PT, do Dr. Luiz Alberto dos Santos, e do Advogado-Geral da União, Dr. Gilmar Ferreira Mendes, o Tribunal deliberou suspender a apreciação do processo de pedido de concessão de liminar. Presidiu o julgamento o Senhor Ministro Marco Aurélio. Plenário, 27.9.2001.

Decisão: Após o voto do Senhor Ministro Néri da Silveira, Relator, deferindo a medida acauteladora para suspender a eficácia do art. 39, cabeça, da Constituição Federal, com a redação imprimida pela Emenda Constitucional n. 19, de 4 de junho de 1998, em razão do que continuará em vigor a redação original da Constituição, pediu vista, relativamente a esse artigo, a Senhora Ministra Ellen Gracie. Em seqüência, o Tribunal, por unanimidade, declarou o prejuízo da ação direta quanto ao ataque ao art. 26 da Emenda Constitucional n. 19/98. O Tribunal, por unanimidade, indeferiu a medida cautelar de suspensão dos incisos X e XIII do art. 37, e cabeça do mesmo artigo; do § 1º e incisos do art. 39; do art. 135; do § 7º do art. 169; e do inciso V do art. 206, todos da Constituição Federal, com a redação imprimida pela Emenda Constitucional n. 19/98. Votou o Presidente, o Senhor Ministro Marco Aurélio. Relativamente a estes artigos, a Senhora Ministra Ellen Gracie esteve ausente, justificadamente, não participando da votação. Após o voto do Relator, indeferindo a medida cautelar quanto ao § 2º do art. 41 da Constituição Federal, com a redação da Emenda Constitucional n. 19/98, foi suspensa a apreciação. Ausentes, justificadamente, o Senhor Ministro Celso de Mello, e, neste julgamento, o Senhor Ministro Nelson Jobim. Plenário, 08.11.2001.

Decisão: Após os votos da Senhora Ministra Ellen Gracie e do Senhor Ministro Sepúlveda Pertence, acompanhando o voto do Relator, deferindo a liminar para suspender a eficácia do art. 39, cabeça, da Constituição Federal, com a redação imprimida pela Emenda Constitucional n. 19, de 4 de junho de 1998, pediu vista o Senhor Ministro Nelson Jobim. Não votou o Senhor Ministro Gilmar Mendes por suceder ao Senhor Ministro Néri da Silveira, que já proferira voto. Presidência do Senhor Ministro Marco Aurélio.Plenário, 27.06.2002.

Decisão: Renovado o pedido de vista do Senhor Ministro Nelson Jobim, justificadamente, nos termos do § 1º do art. 1º da Resolução n. 278, de 15 de dezembro de 2003. Presidência do Senhor Ministro Maurício Corrêa. Plenário, 28.04.2004.

Decisão: Prosseguindo no julgamento, após o voto do Senhor Ministro Nelson Jobim (Presidente), que indeferia a liminar, pediu vista dos autos o Senhor Ministro Ricardo Lewandowski. Ausentes, justificadamente, a Senhora Ministra Ellen Gracie e, neste julgamento, os Senhores Ministros Celso de Mello e Eros Grau. Plenário, 23.03.2006.

Decisão: Após o voto-vista do Senhor Ministro Ricardo Lewandowski e o voto do Senhor Ministro Joaquim Barbosa, que acompanhavam o voto anteriormente proferido pelo Senhor Ministro Nelson Jobim, indeferindo a cautelar, e os votos dos Senhores Ministros Eros Grau e Carlos Britto, deferindo parcialmente a cautelar, acompanhando o voto do Relator, pediu vista dos autos o Senhor Ministro Cezar Peluso. Não participou da votação a Senhora Ministra Cármen Lúcia por suceder ao Senhor Ministro Nelson Jobim que já proferira voto. Ausentes, justificadamente, o Senhor Ministro Celso de Mello e, neste julgamento, o Senhor Ministro Gilmar Mendes. Presidência da Senhora Ministra Ellen Gracie. Plenário, 22.06.2006.

Decisão: O Tribunal, por maioria, vencidos os Senhores Ministros Nelson Jobim, Ricardo Lewandowski e Joaquim Barbosa, deferiu parcialmente a medida cautelar para suspender a eficácia do art. 39, *caput*, da Constituição Federal, com a redação da Emenda Constitucional n. 19, de 4 de junho de 1998, tudo nos termos do voto do relator originário, Ministro Néri da Silveira, esclarecido, nesta assentada, que a decisão — como é próprio das medidas cautelares — terá efeitos *ex nunc*, subsistindo a legislação editada nos termos da emenda declarada suspensa. Votou a Presidente, Ministra Ellen Gracie, que lavrará o acórdão. Não participaram da votação a Senhora Ministra Cármen Lúcia e o Senhor Ministro Gilmar Mendes por sucederem, respectivamente, aos Senhores Ministros Nelson Jobim e Néri da Silveira. Plenário, 02.08.2007.

Portanto o que se decidiu foi o seguinte: deferiu-se parcialmente a medida cautelar para suspender a eficácia do art. 39, *caput*, da Constituição Federal, com a redação da Emenda Constitucional n. 19, de 4 de junho de 1998.

A suspensão da eficácia está clara e a conseqüência é imediata: o que não tem eficácia não incide, como diz *Pontes de Miranda*. Mas o voto nada afirma sobre o texto anterior, ou seja, restabeleceu-se a redação antiga ou simplesmente se retirou a cabeça do artigo, por inconstitucionalidade formal?

Pelo menos nas conclusões do voto, nada se disse a respeito. Como a lei revogadora da lei que revogou outra não reinstaura, por si só, o texto da primeira lei, e como a decisão do Supremo nada disse a respeito, temos de concluir que o art. 39 ficou simplesmente acéfalo.

O texto primitivo tinha a seguinte redação:

"Art. 39. A União, os Estados, o Distrito Federal e os Municípios instituirão, no âmbito de sua competência, regime jurídico único e planos de carreira para os servidores da administração pública direta, das autarquias e das fundações públicas.

A EC n. 19/98 deu nova redação ao art. 39, no seguintes termos:

"A União, os Estados, o Distrito Federal e os Municípios instituirão conselho de política de administração e remuneração de pessoal, integrado por servidores designados pelos respectivos Poderes."

Esta redação teve sua eficácia suspensa pela ADIn 2.135-4 e nela nada se disse sobre repristinação do texto anterior. Portanto, tem-se de concluir que o art. 39, com a redação da EC n. 19/98, ficou acéfalo.

Tal "acefalia" não autoriza o raciocínio de que o texto anterior se restabeleceu, por falta desta previsibilidade no voto. Nem os parágrafos que sobreviveram autorizam esta conclusão, já que a referência neles feita a cargos, investidura e carreira, diz respeito ao regime estatutário, caso a pessoa jurídica de direito público queira adotá-lo.

Se a preferência for pelo regime trabalhista, o § 3º do art. 39 será completado pela lei que o instituir.

Se, entretanto, entender-se que o texto anterior se repristinou, o "regime jurídico único" que a pessoa de direito público está obrigada a instituir não exclui o trabalhista, conforme já se discutiu anteriormente.

Esta conclusão se reforça mais com a conjugação do art. 37, I, que fala em "empregos públicos", com a Lei n. 9.962/00, que regulou sua instituição no serviço público brasileiro.

Mesmo admitindo-se que o regime jurídico único tenha natureza estatutária, não se pode impedir que uma pessoa de direito público interno tenha empregos públicos, pois a eles se refere o art. 39, I, explicitado pela Lei n. 9.962/00.

Portanto, o regime será único, embora misto, não havendo nenhuma contradição nesta situação, que será precisada e regulada por lei própria.

Contudo, uma premissa é imprescindível e tem de ser estabelecida: o emprego público não pode ser excluído porque o art. 37, I, não foi revogado e a Lei n. 9.962/00 está em plena vigência.

Na fundamentação de voto do Min. *Cezar Peluso* colhem-se as razões da declaração de inconstitucionalidade. Ela se deu por motivo formal, porque o *caput* do art. 39 não foi aprovado por maioria qualificada de três quintos. "Tal descumprimento da exigência prevista no art. 60, § 2º, da Carta da República, e reproduzida no art. 202, § 7º, do Regimento Interno daquela Casa legislativa, impede possa reputar-se consentânea com a ordem constitucional a atribuição de novo texto àquele dispositivo constitucional."

O texto do art. 39, antes da revogação, dizia:

"A União, os Estados, o Distrito Federal e os Municípios instituirão conselho de política de administração e remuneração de pessoal, integrado por servidores designados pelos respectivos Poderes."

Não se tocou mais em regime jurídico de servidor.

Não se falou sobre RJU e nisto consistiu o avanço. Permitiu-se à AP dos três Poderes a escolha do melhor caminho: o regime estatutário, o trabalhista ou o regime misto, com cargos e empregos.

Numa época em que a AP enfrenta dificuldades para desafiar os grandes e inquietantes problemas do pós-moderno, o art. 39, em sua redação anterior, foi sábio e prudente. Flexibilizou de modo inteligente, dando à AP possibilidade de escolher o regime mais conveniente a seus servidores.

O que interessa não é o regime, mas a eficiência do serviço público. Nenhum regime, por si só, consegue este objetivo. A flexibilidade para novas escolhas deve ficar em aberto. Não se pode enclausurar a AP dentro de falsos dogmas, que impedem o progresso e prejudicam o serviço público.

Obedeceu, aliás, ao princípio do art. 37, I, que, na redação originária da Constituição, fala em cargos e empregos. O legislador constituinte já olhava para a frente, prevendo que, no futuro, o regime estatutário não seria mais suficiente para esgotar sozinho a grande e diversificada amplitude do trabalho que, tanto na iniciativa privada quanto pública, já exigia combinações, adaptações, composições que só poderiam operar-se num regime de maior flexibilidade.

Realmente não faz sentido fixar em dispositivo constitucional, nos dias atuais, a natureza do regime de servidor público. Ele será o que for melhor para o momento, compondo com equilíbrio o direito do trabalhador e as necessidades do Estado.

A AP, como a iniciativa privada, precisa de servidores estáveis e com garantias, quando se trata do exercício de atividade ligada ou próxima da própria soberania do Estado. Precisa também de servidores para atividades de importância média, que constituem o cotidiano da administração. Mas também necessita de quem presta serviços eventuais, transitórios, gerados pelas contingências do momento.

Para cada uma destas necessidades, deveria haver um regime jurídico próprio, com as garantias, direitos, deveres e salários apropriados, que se dividiriam entre o estatuto e a legislação do trabalho. Foi esta a correta política da Lei n. 9.962/00.

Ao sujeitar à CLT o pessoal admitido para emprego público na administração federal direta, autárquica e fundacional, abriu-se ainda um leque de adaptações, afirmando que a legislação trabalhista se aplicaria se a lei criadora não dispusesse ao contrário. Esta disposição em contrário seriam as modificações da própria norma trabalhista para atender às especificidades do emprego criado para uma área específica da AP.

A AP, ao contrário do que muitos afirmam, não se limitava pura e simplesmente ao RJU, conforme se demonstrou no amplo debate do item anterior. Tinha a possibilidade de criar, caso quisesse, um regime híbrido que uniria não os defeitos, mas as virtudes de ambos os sistemas.

Ainda bem que, na conclusão do voto, se fez uma ressalva:

> "(Fica) esclarecido, nesta assentada, que a decisão — como é próprio das medidas cautelares — terá efeitos *ex nunc,* subsistindo a legislação editada nos termos da emenda declarada suspensa."

A revogação do *caput* do art. 39 pela ADIn 2.134-A suscita uma série de problemas.

O primeiro deles é a repristinação. Em princípio, a lei posterior revoga a anterior, como está no art. 2º, § 1º, da Lei de Introdução ao Código Civil.

O princípio se aplica também às decisões revogatórias, pois a situação é a mesma. A decisão do STF equivale à lei nestas condições.

No entanto, a lei (no caso, decisão judicial) pode determinar que a norma revogada se reinstaure plenamente. Ouça-se *Wilson de Souza Campos Batalha*:

"Pode, entretanto, o legislador, ao revogar a lei revogadora, estabelecer que a lei primeiramente revogada reassume sua integral vigência. É a hipótese da lei repristinatória."(1)

A afirmativa é clara por si mesma e equivale à lógica das coisas. Dispondo do poder da "novidade", o legislador é livre para restaurar ou não a lei anterior, revogada pela posterior.

Não seria lógico que se limitasse a competência legislativa neste particular, nem seria possível restringir as opções do legislador em juridicizar os fatos sociais segundo sua discrição, desde que obedecida a Constituição.

Se subsiste a legislação editada, então a Lei n. 9.962/00 está em vigência, com a qual se garante, como já foi argumentado, a constituição do regime misto.

Então, pergunta-se: pode o Congresso criar empregos públicos na forma da Lei n. 9.962/00 para setores da AP direta?

Se se considerar que o art. 39 está simplesmente acéfalo, sem repristinação do texto anterior, a resposta é sem dúvida positiva.

Se o entendimento for no sentido da repristinação, a resposta também é positiva, porque o regime jurídico do servidor pode se constituir de cargos e empregos, e ser único, ou seja, criado por lei e extensivo às pessoas de Direito Público interno, de modo uniforme.

Desta forma, conciliam-se os dois posicionamentos. E, como já exposto anteriormente, nestes casos se aplica o mandamento interpretativo ditado por *Konrad Hesse*: o princípio da concordância prática — *das Prinzip praktischer Konkordanz*.

Se, na Constituição, há contradição entre dois valores, deve o intérprete buscar uma interpretação que os harmonize e não que os exclua. Não pode o intérprete matar o que a Constituição criou. Interpretar é construir e não destruir, principalmente quando se trata de matéria constitucional.

O art. 102, §2º, diz que:

> "As decisões definitivas de mérito, proferidas pelo Supremo Tribunal Federal, nas ações diretas de inconstitucionalidade e nas ações declaratórias de constitucionalidade produzirão eficácia contra todos e efeito vinculante, relativamente aos demais órgãos do Poder Judiciário e à administração pública direta e indireta, nas esferas federal, estadual e municipal." (Redação dada pela Emenda Constitucional n. 45, de 2004.)

---

(1) BATALHA, Wilson de Souza Campos. *Direito intertemporal*. Rio de Janeiro: Forense. 1980, p. 44.

"Produzirão" é tempo verbal que indica que "a ação verbal irá se realizar num futuro próximo ou remoto", conforme a definição de *Ernesto Faria*, que se ilustra, dentre outras, com a seguinte passagem de *Cícero*: "Verresne habebit domi suae candelabrum Iouvis?" (Possuirá Verres em sua casa o candelabro de Júpiter?)[(2)]

Portanto, o efeito das ações diretas de inconstitucionalidade e ações declaratórias de constitucionalidade é exclusivamente *ad futurum*. Nenhuma lei, regimento interno ou sentença, nem mesmo do STF, pode emprestar-lhes efeito retroativo sem ferir a constituição.

Compreende-se o cuidado do legislador.

A norma constitucional, que é incorporada à Constituição pelo processo legislativo nela previsto, toma lugar em seu texto e dele passa a fazer parte, como se originária fosse.

Para esta incorporação, passa a Emenda Constitucional pelo crivo do Congresso Nacional que a promulga. Vige como norma superior a que o cidadão tem de obedecer, pois a Constituição, quer seja tomada como manifesto político, acordo, plano/programa e lei, tem um fim especial e único: "homogeneizar normativamente a diversidade real e construir uma unidade imaginária".[(3)]

Ora, esta homogeneização do real e esta unidade imaginária só se faz pela aceitação do texto constitucional como legítimo, o que significa, do lado do cidadão, obediência a seus princípios e aceitação de seus comandos.

O texto constitucional posto e vigente tem a presunção necessária de sua legitimidade e conformidade com o corpo da Constituição em que se inseriu. Se, mais tarde, é considerado inconstitucional, não pode ser prejudicado o cidadão, os grupos e o próprio povo que obedeceram a seu comando, porque nada mais fez do que cumprir o primário dever de respeitar a Constituição.

A declaração de inconstitucionalidade do art. 39 só terá efeito *ad futurum* e continuarão válidas as leis e atos que se praticaram durante a vigência da redação anterior.

No caso concreto, a Lei n. 9.962/00, que trata do emprego público na AP direta, autárquica e fundacional, continua em plena vigência, pois o art. 37, I, que tem redação originária, fala em cargos *e empregos*. O mais que se poderá fazer é reinterpretá-la aos propósitos da nova redação. Mas nunca julgá-la inconstitucional, por incompatibilidade com o novo texto constitucional.

---

(2) FARIA, Ernesto. *Gramática superior da língua latina*. Rio de Janeiro: Livraria Acadêmica. 1958, p. 378.

(3) FRANCKENBERG, Günther, *op. cit.*, p. 76.

9. SINDICALIZAÇÃO, CONVENÇÃO COLETIVA, GREVE E CO-GESTÃO NO SERVIÇO PÚBLICO

Os sindicatos fazem parte da vida do homem contemporâneo. É direito fundamental de todo cidadão constituir associações, dela participar e dela receber o resultado da negociação coletiva que travar com outra associação.

Mesmo sob o regime comunista, o sindicato exerceu papel fundamental, político e social de grande importância.

Na ex-DDR (Alemanha Comunista), eram considerados pela constituição como organização de classe dos trabalhadores — *Massenorganisation der Arbeitsklasse* — e, pelo código do trabalho, como escola do socialismo — *Schule des Sozialismus*.[1]

Em qualquer regime político, os sindicatos foram sempre um instrumento de organização, luta e defesa dos trabalhadores. Trata-se, portanto, de uma associação de classe vitoriosa e historicamente comprovada.

Os sindicatos se diferenciam das demais associações, porque são pessoas de Direito Coletivo, ou seja, a lei reconhece as normas que eles criam em negociação com outro sindicato, instituindo para o grupo direitos e deveres através de atividade legislativa, por eles mesmos exercida.

Por isso, os sindicatos adquiriram grande prestígio na sociedade contemporânea, pois, juntamente com os parlamentos, exercem a atividade legiferante e regula a vida de seus filiados, em matéria social.

Todas as declarações modernas de direitos humanos fazem referência à liberdade sindical, pois ela constitui a segunda fonte de irradiação de direitos universais, que se localiza depois do indivíduo e antes do Estado.

Ao considerar abstrata e atemporalmente o homem numa dimensão superior à sua vinculação histórica e independentemente de uma ordem jurídica concreta, os chamados direitos humanos constituem pautas de deliberação de caráter moral[2] que vão inspirar decisões políticas e jurídicas de forma concreta, mas fora das esferas estatais determinadas, exatamente para que possam ser referência de todas elas.

---

(1) RÜTHERS, Bernd. *Arbeitsrecht und politisches System*. Frankfurt: Athenäum. 1973, p. 128.
(2) ROBLES, Gregório, *op. cit.*, p. 12.

Pensa-se abstratamente o homem, despindo-o das experiências históricas, mas concebendo-o numa esfera que elas condicionaram. O homem universal não é uma abstração absoluta, sem parâmetros históricos e vivenciais. Todo homem é conseqüência de seu tempo e filho de sua época. É, porém, possível considerá-lo sem esta roupagem histórica e apresentá-lo como modelo ideal, sem as infinitas variáveis concretas do homem situado.

Estes atributos fundamentais que o desenvolvimento histórico foi criando e a antropologia foi refinando permitiram que, da variedade do concreto, se criasse a unidade da abstração. *Ex vario, unum*. Um modelo ou tipo ideal, acima das legislações e do imediatismo da história, mas por ela construído ao longo da evolução, que deverá ser respeitado pelo sistema jurídico interno de cada país, em sua essência fundamental.

Este modelo não está estagnado no tempo. A História o aumenta e reconstrói com seu transcurso, em seu aperfeiçoamento contínuo. Daí as "gerações" dos direitos humanos, para satisfazerem às necessidades de cada época. A concepção que se adota não é a do homem abstrato e pré-político, mas a do homem "civil" ou político, engajado na História e nas instituições.[3]

É verdade, como salienta *Arthur Kaufmann*, que as relações jurídicas e humanas só podem ser determinadas pelos múltiplos conteúdos que possuem. Isto impede que o homem seja considerado em abstrato, porque então nos depararíamos com um conceito vazio.[4] Mas, por outro lado, também podemos deduzir, pela permanência destas relações e por sua constância e repetição, que, em certos casos, elas se tornam uma exigência de todo ser humano.

Neste sentido também se pode considerá-las.

A liberdade sindical e os direitos que daí irradiam mostraram-se um bem universal para os povos que dela podem gozar. Neste sentido, é um direito humano e, na maioria das nações modernas, um direito fundamental, acolhido nas Constituições e nas leis. Regula-o, no âmbito universal, a Convenção n. 87 da OIT.

Especificamente para os servidores públicos, há a Convenção n. 151 da OIT que, mesmo não tendo sido ratificada pelo Brasil, é uma norma internacional, em torno da qual há consenso e aceitação.

No art. 1º, I, afirmou-se:

> "A presente Convenção aplica-se a todas as pessoas empregadas pelas autoridades públicas, na medida em que lhes não sejam aplicáveis disposições mais favoráveis de outras convenções internacionais do trabalho."

---

(3) BILLIER, Jean-Cassien; MARYIOLI, Aglaé. *História da filosofia do direito*. São Paulo: Manole. 2005, p. 168.

(4) KAUFMMAN, Arthur. *Rechtsphilosophie*. München: C. H. Beck. 1997, p. 181.

A redação, ampla, exata e abrangente, é o coroamento de que não importa mais o regime pelo qual se trabalha para a AP, mas sim o fato de trabalhar: "A presente convenção se aplica a todas as pessoas empregadas pelas autoridades públicas", aí compreendendo, naturalmente, os servidores públicos e os empregados públicos de qualquer espécie.

Foram garantidas a organização sindical e sua independência em face da administração pública:

1 — As organizações de trabalhadores da função pública devem gozar de completa independência em face das autoridades públicas;

2 — As organizações de trabalhadores da função pública devem beneficiar-se de uma proteção adequada contra todos os atos de ingerência das autoridades públicas na sua formação, funcionamento e administração.

3 — São, designadamente, assimiladas a atos de ingerência, no sentido do presente artigo, todas as medidas tendentes a promover a criação de organizações de trabalhadores da função pública dominadas por uma autoridade pública ou a apoiar organizações de trabalhadores da função pública por meios financeiros ou quaisquer outros, com o objetivo de submeter essas organizações ao controle de uma autoridade pública.

Também a negociação coletiva foi acolhida nestes termos.

"PARTE IV — Processos de fixação das condições de trabalho

Artigo 7º

Quando necessário devem ser tomadas medidas adequadas às condições nacionais para encorajar e promover o desenvolvimento e utilização dos mais amplos processos que permitam a negociação das condições de trabalho entre as autoridades públicas interessadas e as organizações de trabalhadores da função pública ou de qualquer outro processo que permita aos representantes dos trabalhadores da função pública participarem na fixação das referidas condições.

Para a solução de conflitos, deu-se prioridade à negociação coletiva e, num momento posterior, aos procedimentos coletivos da conciliação, mediação e arbitragem. Curiosamente, sequer se falou no Judiciário.

PARTE V — Resolução dos conflitos

Artigo 8º

A resolução dos conflitos surgidos a propósito da fixação das condições de trabalho será procurada de maneira adequada às condições nacionais, através da negociação entre as partes interessadas ou por um processo que dê garantias de independência e imparcialidade, tal como a mediação, a conciliação ou a arbitragem, instituído de modo que inspire confiança às partes interessadas."

Diante de todos estes fatos, está demonstrado que o sindicalismo no serviço público está elencado entre os direitos humanos e, no caso brasileiro, um direito fundamental, porque se ancora na Constituição.

E, para coroar a tendência universal, o direito à sindicalização está garantido pela Convenção n. 151 da OIT.

Evidentemente, o direito à sindicalização importa no direito à atuação do sindicato. Logo são livres e permitidas a negociação coletiva, a greve e a co-gestão. Para solucionar conflitos, há que se recorrer também à conciliação, mediação e arbitragem.

Todos estes fatos mostram que uma nova era para o Direito Coletivo já começou. O que se espera é que o Brasil não se atrase mais em relação a ela.

Fixadas estas premissas gerais, analisaremos as instituições de Direito Coletivo básicas em função do Direito brasileiro: sindicalismo, convenção coletiva, co-gestão e greve no serviço público.

10. SINDICALISMO E SERVIDOR PÚBLICO NO BRASIL

10.1. CONSIDERAÇÕES GERAIS

O art. 37, VI, garantiu ao servidor público "o direito à livre associação sindical" e, ao contrário da greve, não a submeteu a limites e condições de lei ordinária ou complementar. Ao contrário, fortaleceu a garantia com o adjetivo "livre": direito à livre associação sindical.

O reforço adjetivado, na realidade, nada significa, porque sindicato sem liberdade não é sindicato.

O direito à sindicalização é "novidade absoluta" em nosso direito, como diz *Crettella Junior,* que, depois de salientar a diferença entre associação e sindicato, tendo este fins profissionais que àquela são estranhos, salienta com base em *Berthélemy*: "O sindicato funcionarista é fermento de indisciplina, feudalismo administrativo, pluralidade de poderes profissionais, cuja conseqüência seria a de calamitosa situação de decomposição, de anarquia e violência".[1]

A afirmativa é preconceituosa e pertence a outra época. Foi sob outros pressupostos jurídico-culturais, por isto desconhece as finalidades do moderno sindicalismo e da tendência inovadora que hoje sopra na AP. Ela constitui um bom exemplo para demonstrar a historicidade do Direito e a certeza da afirmativa de que homens e idéias não podem ser julgados fora de seu tempo.

Nenhum sindicato tem poderes para criar feudos de corporativismo no serviço público. Nem muito menos deseja isso. Sua atuação é limitada pela lei e não afeta os poderes constituídos.

Ainda se crê no unilateralismo estatutário como regra salvadora, que tem o condão mágico de proteger o serviço público de influências malévolas e de garantir-lhe a qualidade.

No entanto, não é o que se vê na prática. A qualidade do serviço público brasileiro tem decaído sensivelmente, salvo alguns poucos e honrosos setores. No Executivo, há ineficiência e a queixa está nos baixos salários e na falta de condição de trabalho.

(1) CRETTELLA JUNIOR, J. *Comentários à Constituição de 1988*. Rio de Janeiro: Forense Universitária. 1991, v. IV, p. 2199.

Estes males jamais serão agravados pela sindicalização. Pelo contrário, podem melhorar, porque vão ser denunciados. Os salários poderão ser negociados e conseqüentemente ajustados ao merecimento do servidor e à capacidade do Estado. O mesmo pode acontecer com as condições de trabalho.

O importante é que, com a presença sindical, as coisas podem melhorar, porque a discussão sobre erros e virtudes da AP será pública e deles tomará conhecimento o contribuinte, que é o custeador de tudo.

A co-gestão ajudará na tomada de medidas adequadas, na hora certa, que não ficarão mais relegadas ao arbítrio unilateral de burocratas incapazes. Os objetivos da AP ficarão mais claros e a voz do servidor, pelo seu sindicato, vai chegar às altas autoridades.

De "feudo", nada há. O que de fato agora existe é uma flexibilização da AP, que descerá do unilateralismo para uma discussão saudável e democrática de condições de trabalho, que hoje é o canal legítimo de todas as instituições.

Só têm medo das formas dialogais aqueles que não sabem ou não querem praticá-las. Se não sabem, precisam aprender. Se não querem, terão de ceder e concordar, porque a discussão sobre o serviço prestado ao público não exclui o seu destinatário, isto é, o povo.

A sindicalização no serviço público é hoje um fato internacionalmente reconhecido e denota uma irreversível tendência e uma nova direção da AP nas sociedades democráticas modernas.

A fundamentação, repetidamente brandida no século passado, de que o vínculo do servidor público com o Estado é unilateral e, conseqüentemente, sem margens de negociação, é uma idéia superada.

A união em sindicato de quem trabalha, sob qualquer forma e mediante qualquer vínculo, é o resultado de uma longa evolução política que culminou na sociedade contemporânea, como conquista irreversível. Faz parte do associacionismo do mundo contemporâneo, pelo qual o indivíduo isolado reforça seu vínculo de participação através de órgãos, que representam a vontade coletiva dos que a ele pertencem.

O indivíduo se agrega a grupos e estes adquirem personalidade jurídica para agir como representantes ou substitutos de seus membros.

Esta categoria de personalismo jurídico, colocado acima da indivíduo e abaixo do Estado, tutela um novo foco de interesses próprio da sociedade atual: o grupo organizado, que se desmembra num amplo leque de associações, cujo ápice é o sindicato, como representante das forças trabalhadoras e produtivas.

Foi nos sindicatos que os grupos materializaram a experiência da atividade coletiva, desenvolvendo institutos que marcaram a atuação da sociedade contemporânea, tais como a convenção coletiva, a greve, o dissídio coletivo (na Itália e no Brasil) e a co-gestão.

Paralelamente a esta experiência exitosa, desenvolveram-se outras aspirações coletivas, que passaram a ser coletivamente tuteladas nesta condição como meio ambiente, consumidor, bens de valor artístico, histórico, turístico, paisagístico, infrações à ordem econômica e urbanística, previstos na Lei 7.347/85, lei da ação civil pública, aos quais se somam ainda muitos outros bens e direitos coletivamente defensáveis por meio de instrumentos coletivos, tais como mandado de segurança coletivo, ação popular etc.

Os sindicatos elevaram ao máximo a defesa coletiva de interesses a ponto de se afirmar que

> "Les syndicats constituent sans aucun doute un instrument capital de régulation de la via sociale de notre pays. Il suffit pour s'en convaincre d'examiner les nombreuses attributions qui leur sont dévolues: chargés par le législateur de défendre les droit e les intérêts matériels et moraux, tant collectives qu'individuels des personnes que y adhèrent, les syndicats son les partenaire obligatoires lors de négociations de branche et d'entreprise."(2)

Elevados à condição de reguladores da vida social, os sindicatos participam da atividade legislativa, judiciária e executiva, pois fazem leis através de convenções coletivas, agem judicialmente na defesa de seus afiliados e exercem inúmeras tarefas sociais por iniciativa própria ou por delegação.

Este tipo de atuação se verificou através da força-motriz do trabalhador. A atuação do empregador se deu em forma defensiva, organizando-se também em sindicatos para responder às reivindicações que lhe foram dirigidas.

O empregador age defensivamente no Direito Coletivo, porque o campo de atuação e desenvolvimento de suas atividades está no mercado, na livre concorrência, na formação do capital e no lucro. É nestes setores que a empresa realiza sua atividade e materializa seus fins. A relação de trabalho é para ela apenas um fator da produção, juntamente com muitos outros, mais complexos e difíceis de se constituírem do que a contratação da mão-de-obra.

O contrato de trabalho e seu gerenciamento constituem, do lado do empregado, uma questão de sobrevivência e, do lado do empregador, apenas uma peça de sua engrenagem produtiva. Por isso, veio daquele e não deste o impulso

---

(2) CLAVEL-FAUQUENOT, Marie Françoise; MARIGNIER, Natacha. *Le droit syndical*. Paris: Liaisons. 1999, p. 7.

que serviu de base a todo o Direito Coletivo do Trabalho e suas amplas implicações no mundo moderno e contemporâneo.

Não há nenhuma razão para excluir o Estado deste amplo movimento. Se ele não é empresa, no sentido econômico do termo, é sem dúvida empregador. Lida com mão-de-obra que precisa ser racional e produtiva tanto quanto na iniciativa privada, para que cumpra com suas imensas e inadiáveis obrigações sociais, como grêmio mais alto e dotado de maiores poderes em qualquer sociedade organizada.

Como salienta *Hegel*, "Die besondern Zwecke und Interessen erscheinen gegen das Substantielle des Staats ein Untergeordnetes".[3] (Os objetivos e interesses especiais encontram-se (sempre) subordinados ao interesse substancial do Estado, que, na concepção hegeliana, é a passagem (*Ubergang*) do particular (*Besonderheit*) para a generalidade: *Übergang der Besonderheit zur Allgemeinheit.*)[4]

Esta "substancialidade" e "generalidade" exigem que o Estado, como coordenador de todos os interesses particulares, aja com eficiência, coordenação e êxito. Neste aspecto, em nada diverge das empresas. Apenas o que muda é o objetivo do fim perseguido e seu objetivo final.

O que se espera de qualquer Estado, como salienta *Critopher W. Morris*, é que seja razoavelmente justo e minimamente eficiente.[5]

Quando os indivíduos que constituem a sociedade humana e a vida coletiva lhes delegam os ônus de tarefas de que não podem pessoalmente desincumbir-se — abrindo mão de usar suas próprias espadas, para não fazer justiça de mão própria (*Morris*) —, é natural que exijam dele o cumprimento eficiente, rápido e justo destas obrigações e suportem estes ônus.

Como esta atividade não se realiza sem agentes, o problema da relação de trabalho surge para o Estado da mesma forma e intensidade da iniciativa privada, embora com diferença de fins.

O Estado não "lucra" com sua atividade no sentido de acumulação que o termo possui no capitalismo. Não obtém vantagem como resultado final do que faz. O que proporciona é o bem comum através do dinheiro dos tributos que arrecada aos que lhe entregaram as espadas, para que o promova com eficiência, zelo e método.

A relação que o Estado conclui com os agentes que seleciona para o cumprimento de suas tarefas sociais é de trabalho, pois gerencia uma atividade humana voltada para a obtenção de um fim que, no caso, é coletivo e supra-individual.

---

(3) HEGEL, Georg Friedrich Wilhelm. *Philosophie des Rechts*. Frankfurt: Suhrkamp. 1983, p. 207.
(4) *Op. cit*, p. 207.
(5) MORRIS, Christopher W. *Um Ensaio sobre o estado moderno*. São Paulo: Landy. 2005, p. 381.

Trata-se, portanto, de uma relação de trabalho típica, em que um gerenciador organiza uma atividade finalística para atingir um propósito definido e querido como resultado final.

Para este resultado, serve-se de regulações que organizam esta prestação de trabalho que, como toda relação jurídica, cria direitos e deveres para ambos os lados.

Bastam estas reflexões para demonstrar que existe uma evidente relação de trabalho entre o Estado e os agentes que lhe prestam serviço.

E não há nenhuma razão para excluir esta relação de trabalho com o Estado da experiência que até hoje se desenvolve neste setor do ordenamento jurídico, junto à iniciativa privada.

A similaridade é evidente. O que muda são os fins. Há um empregador — o Estado — que remunera o trabalho alheio para seu próprio proveito, o qual é aferido em termos econômicos mediante uma contraprestração pecuniária, com a qual sobrevive o prestador de trabalho.

Este esquema, enquanto fenômeno social, é único e independe de quem seja o empregador: o Estado, uma empresa qualquer ou até mesmo um indivíduo.

O trabalho prestado ao Estado destina-se ao proveito alheio e não constitui uma espécie de relação autônoma e distinta dos demais modelos jurídicos existentes.

Portanto, o que se há de fazer são adaptações e não um esforço inútil para criar um novo modelo de prestação de trabalho, que aliás nem sequer existe até mesmo por impossibilidade lógica: a prestação de trabalho só pode verificar-se em duas condições: ou de modo autônomo ou subordinado. *Tertitus non datur*, ou seja, uma terceira hipótese é impossível.

Para o trabalho livre, prestado em benefício alheio, só há um caminho: quem dele se beneficia paga pela vantagem que ele proporciona. Esta vantagem tem um cunho imediatamente econômico, quando prestado à iniciativa privada ou um sentido econômico, social ou político, quando prestado ao Estado.

Até mesmo o trabalho gratuito, prestado sem interesse econômico, tem vantagens para quem o presta e para quem o recebe. Aqui os ganhos são de ordem imaterial: sentimento de fazer o bem, de servir ao próximo e de contribuir para a melhoria do nível de vida de quem dele se beneficia.

Todas as questões jurídicas, políticas e sociais da relação de trabalho fundaram-se no prestador e não no destinatário do trabalho prestado.

O trabalhador é que precisou da tutela do Estado através da legislação protetora, pela qual se obteve o equilíbrio (embora relativo e sempre instável) da relação de trabalho, através do preço justo da atividade prestada e da vantagem econômica ou de qualquer outra espécie que ela proporciona aos que por ela pagam.

Como salienta *Washington Albino*, com a precisão de sempre, a transformação da sociedade feudal em urbana separou a força de trabalho do trabalhador (o que não acontecia com o trabalho escravo), jogando-a no mercado livre e sujeitando-a à instabilidade do jogo econômico da qual participa pela "quantidade e o preço da força de trabalho, representados pelo 'jornada' (quantidade) e pelo 'salário' (preço), sendo afastado o risco a partir do contrato de emprego".(6)

Este afastamento do risco significa que o empregado sempre terá um mínimo de salário, independente do êxito ou fracasso da "venda" da força-trabalho, submetida à concorrência. Este risco é do empregador.

A relação de emprego procurou (ainda procura e procurará sempre) estabelecer um equilíbrio justo destas forças cegas do mercado: a quantidade do trabalho, configurada na jornada, o preço que se paga por ela, estabelecido no salário e a estabilidade do trabalhador, firmada no tratamento jurídico que se dá à relação entre ambos e às inúmeras questões que daí inevitavelmente nascem.

Estas considerações mostram os fundamentos de ordem jurídico-filosóficos em que se baseou a Constituição brasileira, para conceder aos servidores públicos o direito de sindicalização e greve e, implicitamente, como se verá, também o direito à negociação coletiva: o trabalhador do Estado é uma subespécie do trabalhador comum, não uma categoria autônoma. A ele se aplicam, com as devidas adaptações, os princípios e regras gerais da relação de trabalho.

O tema já se acha pacificado em plano internacional.

A Convenção n. 87 da OIT salienta que

"Artigo 2

Os trabalhadores e as entidades patronais, sem distinção de qualquer espécie, têm o direito, sem autorização prévia, de constituírem organizações da sua escolha, assim como o de se filiarem nessas organizações, com a única condição de se conformarem com os estatutos destas últimas."

A prescrição é genérica e envolvente, "sem distinção de qualquer espécie". Portanto, todo trabalhador e todo empregador pode organizar-se coletivamente.

O único argumento que se poderia usar contra a aplicação ampla do art. 2º da Convenção n. 87 da OIT aos servidores públicos seria que nele se fala em

---

(6) SOUZA, Washington Albino Peluso de. *Primeiras linhas de direito econômico*. 4 ed. São Paulo: LTr. 1999, p. 477.

"trabalhadores e entidades patronais". Como o servidor público não é trabalhador e o Estado não é entidade patronal, refugiria o Estado de seu âmbito de aplicação.

Mas tal argumento não passaria de um arranjo de palavras, não de idéias. E como as palavras não mudam a natureza das coisas (*verba non mutant naturam rei*), a natureza das coisas permanece, embora as palavras mudem.

Se os servidores públicos não são trabalhadores (em sentido lato), o que são? Onde então categorizá-los?

Se o Estado, que lhes paga pelo trabalho prestado, não é empregador (também em sentido ampliado), o que é então? E onde categorizá-lo?

Bem se vê, com toda clareza, que não estamos diante de uma nova categoria de trabalhador ou empregador, mas sim de uma espécie que a um gênero pertence.

O Direito do Trabalho classificou-se como ramo independente na Ciência do Direito através da natureza do trabalho prestado pelo empregado, que, depois da Revolução Industrial, passou a ser desenvolvido em fábricas, mediante rígido controle do empregador, jornada excessiva, condições insalubres e adversas, salários baixos e insuficientes para ofertar um nível digno de vida.

O Estado sentiu-se na obrigação de tutelar esta nova modalidade de trabalho, prestado sob subordinação e controle, para torná-lo mais humano e justo.

Criou-se então uma ampla rede de proteção jurídica ao trabalhador, para romper com o desequilíbrio entre o trabalho, personificado na pessoa que o presta, e o poder econômico, centralizado na pessoa que o administra e dirige.

Como salientam *Box-Rüthers-Henssler*, instituiu-se um conjunto de normas jurídicas que se refere à prestação subordinada de trabalho, unido ao empregador mediante um contrato, pelo qual o empregado oferece o trabalho como prestação contratualmente devida. E concluem que o conceito de empregado é o conceito central e o ponto de ligação de todo o direito do trabalho. Ou, em suas palavras literais:

> "Arbeitsrecht ist die Summe der Rechtsnormen, die sich auf die in abhängiger weisungsgebundener Tätigkeit geleistete Arbeit beziehen. Sie wird von unselbständigen Arbeitnehmers geleistet, die ihren Arbeitgebern vertragliche vereinbarte Dienste schulden. Der Arbeitnehmerbegriff ist mithin der Hauptbegriff und Anknüpfungspunkt für das gesamte Arbeitsrecht."(7)

Se o conceito de trabalhador (e não o de empregador) é que se tornou o conceito central e o ponto de referência do Direito do Trabalho — *Der Arbeit-*

---

(7) *Op. cit.*, p. 1.

nehmerbegriff ist mithin der Hauptbegriff und Anknüpfungspunkt für das gesamte Arbeitsrecht —, não tem sentido fazer distinções e construir conceitos em função da pessoa ou entidade a quem o trabalhador presta serviço, pois não foi em função dela que se construiu o Direito do Trabalho.

O que se pode fazer — e de fato freqüentemente se faz — é estabelecer distinções e adaptações do trabalho prestado a certas categorias de empregadores. Isto é freqüente e comum na legislação e na prática da atividade econômica.

Mas transformar o empregador em ponto de referência e em elemento ordenador das categorias do Direito do Trabalho é reverter a evolução histórica, colocar de cabeça para baixo os fatos sociais e desconhecer a realidade em que se fundamentam.

Porque o empregador é o Estado, não se há de mudar o Direito do Trabalho, nem muito menos excluir de seu âmbito o trabalhador que lhe presta serviço.

Sua condição continua a mesma. Por não possuir os meios de produção, coloca à disposição de outrem sua força trabalho, da qual obtém sustento e vida digna. Se quem lhe paga é o Estado ou particular, tal fato não muda a natureza das coisas, nem altera os conceitos jurídicos fundamentais.

O trabalho continua com sua natureza política, social e econômica. Como é prestado em condições de subordinação, aliena-se, ou seja, é prestado em proveito de outra pessoa e não em benefício do próprio trabalhador, configurando-se a oposição entre proprietário e não proprietário dos meios de produção, que caracteriza todo o Direito do Trabalho.

Por isso, afirmou *Henri Arvon*, um dos mais autorizados filósofos do trabalho:

> "O trabalho alienado, enfim, rompe a coesão social, opondo o não proprietário ao proprietário... Quando o homem se comporta perante o produto do seu trabalho, perante o seu trabalhado objetivado, como perante um objeto estranho, hostil, poderoso e independente dele, é porque um outro homem estranho, hostil, poderoso e independentemente dele é dono do seu objeto."(8)

Esta alienação não deixa de existir quando o trabalho é prestado ao Estado, que dele se apropria, como qualquer outra entidade. E a situação social e jurídica permanece exatamente a mesma.

Entre nós, entretanto, permanece a persistente cegueira de não se querer enxergar a realidade como ela é. Doutrina e jurisprudência teimam em tratar o trabalhador que presta serviço ao Estado como uma categoria diferente.

---

(8) ARVON, Henri. *A filosofia do trabalho.* Lisboa: Sociocultur. s.d. p. 69.

A ele não se aplica o Direito do Trabalho, mas o estatuto dos servidores públicos, que, entretanto, nada mais é do que um código de trabalho especializado.

Para julgar os conflitos da relação de trabalho com o Estado, decisões (inclusive do STF) afastam a Justiça do Trabalho, sob o fundamento de que o regime é "estatutário" e, portanto, incompatível com a legislação do trabalho comum.

Esquecem-se de que a fixação unilateral das condições de trabalho no serviço público é um fato que já mergulhou no passado histórico. Vale como referência de um tempo que já se foi. Diz com acerto *Evaristo de Moraes Filho*:

> "... Deixava de existir aquele conceito monista de Estado soberano. Nitidamente se delineava a tendência no sentido de se colocar o sindicato como ente coletivo entre o simples profissional, cidadão como os demais, e o Estado. Contra a doutrina de Rousseau e Le Chapelier começavam a aparecer irresistivelmente grupos duradouros e organizados entre os indivíduos e o Estado. Já agora sua soberania passava a ser dividida com outros organismos coletivos, em uma palavra, com as associações profissionais, que representavam seus associados, que representavam às vezes os interesses de toda a profissão."(9)

A quebra do "Estado monista", açambarcador, autoritário e unilateral, operou-se definitivamente. Entre o indivíduo e o Estado apareceram os grupos estáveis que, adquirindo personalidade jurídica, atuaram na defesa de seus representados, criando normas e condições de trabalho.

Não há nenhuma razão para supor que esta "quebra do Estado monista" tenha deixado de pé sua relação com seus próprios trabalhadores, os servidores públicos. Aqui também o Estado monista ruiu para sempre. As conseqüências da mudança dos tempos não o deixaram intocado.

Seus servidores também passaram a reivindicar, à moda dos empregados da iniciativa privada. E aqui começou uma ascensão que não mais teria fim. Adquiriram o direito à sindicalização, greve e co-gestão.

No campo dos direitos individuais, embora ainda predomine a lei, é certo que, nas negociações coletivas, muitas conquistas, fruto de novos entendimentos, também aparecerão. E o próprio Estado compreenderá que os direitos negociados são muito mais duradouros e satisfatórios do que os impostos unilateralmente.

Como se considerar "estatutário" (ou seja, regime unilateralmente estabelecido pelo Estado para reger a relação de trabalho com seus servidores) se a

---

(9) MORAES FILHO, Evaristo. *O problema do sindicato único no Brasil*. São Paulo. Alfa-Ômega. 1952, p. 115.

CF permite-lhes a sindicalização, a greve e implicitamente a negociação coletiva, que, na prática, é o que mais se pratica, quando há greve no serviço público.

Para comprovar que, na prática, a negociação coletiva é o que mais se pratica, damos um exemplo decisivo. No instante em que terminávamos este livro, a imprensa nacional(10) anunciava que o Governo faria um reajuste salarial, que atingiria 800 mil servidores.

Do depoimento do Min. *Paulo Bernardo*, titular da pasta do Planejamento, colhemos, na fonte citada, as seguintes declarações: "*Os acordos* foram mantidos com as categorias, mas *negociamos* outras prazos".

Nesta simples declaração foram empregados dois termos básicos da negociação coletiva: acordo e negociação.

Mais adiante, lê-se:

> "Convocados pelo ministro, *Paulo Bernardo*, as lideranças ligadas ao funcionalismo ouviram atentamente os argumentos do governo. Depois de duas horas de reunião, aplaudiram o fim do impasse que se arrastava desde o ano passado."

Portanto, havia negociação que já perdurava por um ano e o impasse que separava as partes em negociação só foi superado depois de mais duas horas de conversação.

Só mesmo por cegueira ou surdez não se vê a realidade. O que mais se pratica hoje, talvez até mais do que na iniciativa privada, é a negociação coletiva no serviço público.

Isto é compreensível, porque o poder público está sujeito a condições rígidas, normas e leis. As discussões são, por natureza, mais lentas e demoradas, o que dificulta a conclusão de um acordo rápido, que normalmente significa uma pesada carga financeira para o Estado.

Basta lembrar que o acordo acima referido custará R$ 2,1 bilhões e beneficiará 800 mil servidores. É natural que haja cuidados. Ambas as partes devem agir com responsabilidade e critério, através de um diálogo honesto, em que o bom senso e a boa-fé devem predominar.

Privar o Governo e as lideranças sindicais da negociação coletiva e negar conseqüências ao que livremente estabelecem é retroceder no tempo, criar impasses desnecessários e piorar a prestação de serviço público.

Somente através de uma longa negociação foi possível um acordo que pacificou o serviço público federal e o Governo. O mesmo há de acontecer com os Estados e Municípios.

---

(10) Por exemplo, Estado de Minas de 14.3.08, p. 9.

Está aberto o caminho do diálogo e da negociação coletiva com o Estado. Estes fatos mostram o quanto é irrealista e desatualizada a concepção "estatutária" das relações de trabalho com o Estado.

Despachos como o do ex-ministro Jobim e a concepção do STF estão definitivamente abalados e se colocam contra o tempo e a História. Mais cedo ou mais tarde serão vencidos pela realidade.

Para finalizar, dos 34 itens apontados como direitos do trabalhador brasileiro, 14 se aplicam ao servidor público, por força do art. 39, § 3º, da CF.

Portanto, a diferença que existe é mínima. Refere-se a certas particularidades do servidor público em relação ao trabalhador privado, o que é justo e compreensível.

Mas afirmar diferenças conceituais e profundas a ponto de justificar o afastamento da aplicação do Direito do Trabalho e a competência da Justiça do Trabalho é não ver a realidade e desconhecer a doutrina que, em todo o direito comparado, caminha decisivamente no sentido da aproximação e, em breve, da unificação dos dois regimes, guardando-se apenas naturais diferenças de finalidade.

Finalmente, encerro com a citação de *Tomas Sala Franco* e *Remédios Roqueta Buj*,[(11)] de que, salvo algumas restrições para certos servidores públicos, tais como juízes, membros das forças armadas e polícias, o direito de associação sindical e a liberdade sindical são permitidos ao servidor público:

> "El régimen jurídico vigente de la libertad sindical de los funcionarios públicos parte de unas normas internacionales ratificadas por el Estado español que reconocen con carácter general el derecho de libertad sindical a los funcionarios públicos, si bien admiten restricciones al ejercicio del mismo."

E cita, como fundamento, a legislação: art. 5º da Carta Social Européia; art. 8.2 do Pacto Internacional de Direitos econômicos, sociais e culturais da ONU; art. 11.2 do Convênio Europeu para a proteção dos direitos humanos e liberdades fundamentais; art. 9.1. da Convenção n. 87 da OIT; art. 1.3. da Convenção 151; art. 22.2. do Pacto Internacional de Direitos Civis e Políticos da ONU.

Conclusão: o direito de sindicalização dos servidores públicos é um fato jurídico internacionalmente reconhecido. A conseqüência natural a ser retirada é que dele provêm os demais institutos de Direito Coletivo: a negociação coletiva, a greve e a co-gestão.

---

(11) SALA FRANCO, Tomas; BUJ, Remédios Roqueta. *Os derechos sindicales de los funcionários públicos*. Valência: Tirant lo blanch. 1995, p. 22.

Abrir a AP à negociação coletiva com seus servidores é um grande passo na direção da modernidade. Evita greves, supera insatisfações, faz a justiça possível e abre espaço ao entendimento permanente. Evitar confrontos no serviço público e garantir o diálogo do servidor com o Estado é o caminho mais seguro para a paz social: *Pacem facere, ne cives ad arma ruant.*(12)

10.2. ANÁLISE DO ART. 8º DA CONSTITUIÇÃO APLICADO AO SERVIDOR PÚBLICO

O art. 39, VI, garantiu ao servidor o direito à livre associação sindical. Não submeteu o direito a nenhuma regulamentação subconstitucional, ao contrário do direito de greve, que será exercido nos termos e nos limites definidos em lei específica.

Portanto, o direito à sindicalização é auto-aplicável e cabe ao servidor público exercê-lo de imediato.

Ao legislador restam agora duas possibilidades: editar lei sobre o tema ou deixar que a jurisprudência construa seu fundamento normativo através da prática.

Ambos os caminhos são razoáveis, desde que a lei que se vier a publicar ou a jurisprudência que vier a ser criada não regulem excessivamente nem desfigurem o direito com minúcias inibidoras e interpretações restritivas, como fez o STF na questão da competência.

Uma questão se põe de pronto: aplica-se ao servidor público o art. 8º da CF?

Da análise já anteriormente feita, demonstrou-se que o servidor não se difere fundamentalmente do trabalhador comum, do qual é uma subcategoria e não uma entidade autônoma.

Nesse sentido, devem ser considerados os sete incisos do art. 8º. Em relação a cada um deles se fará análise jurídica, para deduzir as aproximações e rejeições em comparação com a situação especial do servidor público.

Uma conclusão já é necessária para orientar este aspecto da pesquisa. Não se pode, com base em raciocínio jurídico seguro, excluir a aplicação do art. 8º ao servidor público, porque ali se fala em categoria profissional, empregados, empregadores, categoria, negociação coletiva e até em "colônia de pescadores".

Realmente, as disposições do art. 8º destinam-se aos trabalhadores em geral e aos das empresas públicas e sociedades de economia mista (art. 173, § 1º, da CF). Mas em nenhuma passagem se proíbe sua aplicação aos servidores públicos.

---

(12) A paz deve sempre ser procurada, para que os cidadãos não precisem recorrer às armas. A máxima romana nunca perderá atualidade.

Ao contrário, um elementar raciocínio integrativo conduz à compatibilidade do art. 8º com esta categoria de trabalhador. Se a Constituição lhe garante o direito à sindicalização (art. 37, VI), e se o art. 8º estabelece princípios gerais de organização sindical, sem qualquer referência limitativa, como excluir de sua base de incidência o servidor público?

O que se há de fazer, como venho recorrentemente repetindo, são adaptações, jamais exclusões.

Neste sentido se fará a análise do art. 8º, deduzindo-se sua compatibilidade e adaptação ao serviço público.

10.2.1. Liberdade sindical. Autorização e registro. Interferência e intervenção — art. 8º, *caput*, e I

Ao afirmar o *caput* do art. 8º que "é livre a associação profissional ou sindical", garantiu-se, em plano constitucional, a liberdade sindical, que é a mola-mestra de todo o Direito Coletivo. É dentro deste princípio, e não das restrições que se impuseram em alguns itens, que o art. 8º deve ser interpretado.

Esta liberdade envolve o sindicato em sua plena dimensão, ou seja, a fundação, a atuação e a autonomia perante a parte contrária e perante o Estado. Do ponto de vista estrutural e interno, há também a necessária liberdade do sindicato em relação a seus representados e a liberdade destes perante o sindicato.

Todas estas "liberdades", enquanto conceitos jurídicos, são protegidas pelo princípio constitucional e se interpretam ampliadamente.

A liberdade jurídica é tanto positiva quanto negativa — *positive Freiheit und negative Freiheit*. A primeira consiste em agir livremente até os limites permitidos no ordenamento jurídico. A segunda consiste em abster-se da ação ou comportamento, não podendo ser a eles forçado, a não ser com base na lei.(13)

Da combinação destes dois tipos de liberdade nasce o equilíbrio do comportamento da pessoa em sociedade, pois, entre a ação e a abstenção está a liberdade e a área do livre agir. É nesta faixa que o homem preenche o que há de mais caro e positivo em sua vida, pois pratica ato de escolha com plena liberdade, optando pelo que lhe convém e melhor lhe satisfaz.

Quando esta faixa da liberdade humana é colocada em função do Direito, o homem a exerce, vinculando-se através do contrato, pelo qual se forma uma relação jurídica voluntária com o concurso de outra pessoa livre. É verdade que

---

(13) KAUFMANN, Matthias. *Rechtsphilosophie*. Freiburg: Karl Alber. 1996, p. 267.

o contrato e a obrigação que lhe serve de base também são vinculantes e limitativos. Mas este vínculo é querido livremente por quem dele se serve para compor interesses.

Quanto mais politizada a sociedade, mais liberdade tem o cidadão. A compulsoriedade, tanto para a ação como para a omissão, se limita ao mínimo coincidente com o interesse público. Depois a vontade vincula os homens livres, colocando-se como instrumento de composição de suas liberdades.

No Direito Coletivo, esta liberdade de ação e omissão projeta-se do sindicato para a negociação coletiva — como liberdade positiva — e para a greve, com liberdade negativa.

Contudo, a greve, como omissão do trabalho, é instrumento de pressão para a liberdade positiva, ou seja, para a composição dos interesses entre empregados e empregadores, que vai reger as relações individuais de trabalho, tanto na convenção coletiva para criar direitos trabalhistas, como na co-gestão, que estabelece meios de participação do empregado na vida e organização da empresa.

A liberdade sindical é parte da liberdade jurídica e esta é espécie da liberdade enquanto conceito fundante da própria noção de democracia e de estado democrático de direito, que não poderia constituir-se se o Estado dispusesse apenas de normas compulsórias que, sufocando o indivíduo, não deixaria lugar para a vontade livre e criadora.(14)

Finalmente, é de se salientar, com *Evaristo de Moraes Filho,* que

> "Mais autônomos são os sindicatos nos países tradicionalmente democráticos, já que a tarefa da democracia consiste exatamente em conseguir justo entrosamento dos sindicatos no Estado sem que desapareça a vida autônoma de ambos."(15)

---

(14) Além desta zona neutra que o indivíduo preenche com declaração de vontade, cresce a cada dia na moderna Ciência do Direito um novo tipo de sanção — a sanção positiva — que premia e favorece o indivíduo por praticar a conduta querida pelo Direito, em vez de puni-lo pela conduta desviante — sanção negativa. Fala-se por isso de uma função promocional e não mais sancionatória do Direito. Sobre este fascinante e novo mundo, ver o último livro de Norberto Bobbio. *Da estrutura à função.* São Paulo: Manole. 2007, onde se encontram vários artigos do autor citado sobre o assunto. Leia-se, a título de exemplo, "a função promocional do Direito", p. 1- 21. Muito antes já havíamos tratado o tema em *Questões polêmicas de Direito do Trabalho*, São Paulo: LTr. 1993, p. 75, onde escrevemos: "Se não se pode, em todos os ramos do Direito, substituir a sanção pelo prêmio, o Direito Premial tem ampla aplicação em áreas onde as relações jurídicas se fundamentam na disponibilidade de direitos, como é o caso do direito privado e, principalmente, do Direito Individual do Trabalho". Em vez de punir e aplicar multas e penas, premiar o empregador que cumpre a lei trabalhista com diminuição de recolhimento de tributos, empréstimos públicos, favorecimento em compra de meios de produção e assim por diante. Talvez, se este sistema já houvesse sido implantado, não precisaríamos de uma Justiça do Trabalho tão grande como a que temos hoje.

(15) MORAES FILHO, Evaristo. *O problema do sindicato único no Brasil.* São Paulo: Alfa-Ômega. 1952, p. 137.

Agora, perguntamos: em qual órgão se fará o registro dos sindicatos dos servidores públicos?

Os sindicatos devem registrar-se, na forma do art. 558 da CLT, nas Delegacias Regionais do Ministério do Trabalho, ou nas repartições autorizadas em virtude de lei — § 2º.

Logo após a vigência da Constituição de 1988, travou-se grande debate para se saber qual seria o "órgão competente", a que se refere o art. 8º, I. A jurisprudência decidiu que seria o Ministério do Trabalho, pois ali estava o registro dos sindicatos brasileiros, o que permitiria o controle do sindicato único, para efeito do art. 8º, II.

O CNES — Cadastro Nacional de Entidades Sindicais, segundo o Ministério do Trabalho e Emprego, informa sobre o histórico dos sindicatos brasileiros. No *site* oficial consta a finalidade do órgão, nestes termos:

> "O CNES — Cadastro Nacional de Entidades Sindicais é o sistema pelo qual são registradas as informações sobre os processos de registro sindical em trâmite no MTE. No CNES constam o histórico dos processos desde o protocolo neste Ministério, os dados cadastrais, a categoria e a base territorial representada, as informações sobre a análise e a instrução do processo. Trata-se de uma ferramenta para que o MTE, por meio da SRT, cumpra um de seus papéis institucionais, que é o de proceder ao registro sindical e zelar pela observância da unicidade sindical."

Conciliando o registro com a liberdade sindical, estabeleceu-se também que ele teria efeito meramente declaratório, sem qualquer conseqüência constitutiva sobre a existência do sindicato e o teor de seus estatutos.

Em caso de controvérsia, cumpre ao Judiciário resolver. Não é preciso lembrar que, após a EC n. 45/04, a competência para julgá-la é da Justiça do Trabalho.

Resta agora decidir se os sindicatos dos servidores públicos se submeterão ao princípio da unicidade e de que forma ela se efetivará.

O órgão em que se registrarão os sindicatos dos servidores públicos será determinado conforme a resposta que se der a esta questão.

Se se submeterem ao princípio do sindicato único, o órgão competente será sem dúvida o MTE, que, na condição de gerente do arquivo de cadastro das entidades sindicais, informará se já existe outro sindicato da mesma "categoria", conceito que também precisa ser determinado em função do sindicalismo de servidores.

Se vigorar o princípio da pluralidade, o registro será o mesmo das pessoas jurídicas em geral, através de inscrição no cartório competente, quando então começará sua existência.

10.2.2. Unicidade — art. 8º, II

Problema complexo e difícil consiste em saber se os sindicatos dos servidores públicos sujeitam-se ao princípio da unicidade.

Esquematicamente, o inciso II veda:

a) a criação de mais de uma entidade sindical;

b) de qualquer grau;

c) representativa da categoria profissional e econômica;

d) definida pelos trabalhadores e empregadores;

e) na mesma base territorial;

f) não inferior a um município.

A criação de entidade sindical não apresenta qualquer problema, porque está constitucionalmente prevista.

Se a criação sindical é permitida, a permissibilidade se estende automaticamente ao sistema federativo ou a qualquer outra forma de organização de grau superior.

No entanto, quando se fala em entidade sindical representativa de categoria profissional e econômica, o problema se complica, pois o Estado não é categoria econômica nem os servidores, categoria profissional, tal como conceituada para os sindicatos da iniciativa privada, embora não deixem de ser trabalhadores.

Superado este gargalo, a base territorial e o limite mínimo correspondente ao município não apresentam problema, pois se circunscrevem nos domínios da liberdade de organização sindical.

Aqui são necessárias analogias e adaptações. Para começar, é preciso responder à pergunta: o Estado e os servidores públicos são "categorias"?

O art. 511 da CLT fixou o conceito, em função de categoria econômica e profissional, que serve de base para toda a complexa estrutura do sindicalismo brasileiro, regulada em detalhes por 99 artigos, segundo o princípio da rigidez corporativa. Pouco ou quase nada restava para o exercício da liberdade sindical.

Esta estrutura sofreu abalos com a Constituição de 1988, mas a referência esporádica do art. 8º a termos como *categoria, base territorial, sistema confederativo, contribuição prevista em lei, filiação, cargo de direção de representação sindical* deram ainda sobrevivência à velha e superada estrutura.

Estes conceitos ali definidos, mediante emprego de palavras usadas na CLT, fizeram com que a doutrina e a jurisprudência os entendessem como recepcionados pela Constituição.

Tudo começa com o reconhecimento da licitude de associação para fins de

a) estudo;

b) defesa;

c) coordenação de interesses econômicos e profissionais.

Para constituir este tipo de associação, a CLT enumera os participantes:

a) empregadores;

b) empregados;

c) agentes;

d) trabalhadores autônomos;

e) profissionais liberais.

O elenco se constitui de empregador (empresário ou empresa) e trabalhadores lato sensu considerados (empregados e trabalhadores autônomos e profissionais liberais).

O grupo exercendo a mesma atividade (do lado do empregador) e a mesma profissão (do lado do trabalhador), ou atividades e profissões similares ou conexas, constituirá as categorias que servirão de base à pirâmide da organização sindical.

Para conceituar estas categorias, que figurarão nos pólos da relação jurídica coletiva, o legislador celetista continua com suas exaustivas e desnecessárias definições.

Para a categoria econômica (ou seja, a relação coletiva vista do lado do empregador), diz que ela é:

O VÍNCULO SOCIAL BÁSICO, que se forma pela

- solidariedade de interesses econômicos dos que exercem atividades idênticas, similares e conexas.

Já para a categoria profissional (ou seja, a relação coletiva vista do lado do empregado), afirma-se que ela é:

A EXPRESSÃO SOCIAL ELEMENTAR formada pela

- similitude de condições de vida oriunda da profissão ou trabalho em comum, em situação de emprego,
- na mesma atividade econômica ou
- em atividades econômicas similares ou conexas.

Dentro deste quadro rígido e formal, definido em função da atividade econômica e profissional, constituiu-se a estrutura central do sindicalismo brasileiro.

A associação assim formada se diz "profissional" e é reconhecida como sindicato, depois de registradas na forma do art. 588. Nesta condição, investem-se nas prerrogativas atribuídas aos sindicatos segundo a ampla regulamentação do Título V da CLT.(16)

A rigidez do sistema é apenas flexibilizada pelas atividades profissionais ou econômicas similares ou conexas.

No § 3º do art. 511 também se fala em "categoria diferenciada", exercida por empregados que tenham profissões ou funções diferenciadas. Esta "diferença" se forma em razão de:

a) estatuto profissional especial; e

b) condições de vida singulares.

Estes dois critérios, que o legislador aponta como formadores da categoria profissional diferenciada, são confusos e carentes de conteúdo específico.

O termo "estatuto" significa uma regulamentação escrita para a profissão especial? É fixado pelo legislador ou pelos próprios interessados? Ou significa condição de trabalho especial? Neste caso, o termo é absolutamente impróprio.

A expressão "condições de vida singulares" dá a entender que a situação ambiental e circunstancial em que vive o trabalhador gera uma categoria diferenciada? Mas este fato é de natureza social e não trabalhista.

Não se pode levar em conta as condições de vida para se formar uma categoria, já que estas se constitutuem pelo vínculo social básico e expressão social elementar, do empregado e do empregador, formados pela solidariedade de interesses econômicos e similitude de condições de vida oriundas da profissão ou do trabalho.

Seja como for, estes fatores é que terão de ser levados em conta para constituir uma categoria diferenciada em relação à geral, que pode inclusive ocasionar desmembramentos.

---

(16) O art. 512 fala apenas em "associações profissionais constituídas para os fins e forma do artigo anterior e registgradas de acordo com o art. 588, poderão ser reconhecidas como sindicatos ...". Note-se que a expressão "associação profissional", embora utilizando-se do termo "profissional" que se refere apenas a profissão (categoria profissional), compreende também a categoria econômica. O Código Civil refere-se apenas a "associação", deixando a finalidade ou o objetivo à livre determinação de seus membros. A CF só usa o termo "associação profissional" no *caput* do art. 8º, juntamente com "sindicato". Trata-se de evidente redundância, porque a associação profissional é espécie de associação, cuja liberdade de constituição é plena, desde que para fins lícitos — art.5º, XVII. Também aqui outra redundância: como poderia a Constituição aprovar associação para fins ilícitos?

Serve também para a criação de sindicatos novos que, mantendo correlação com uma categoria, dela se diferenciam em razão do estatuto profissional ou condições de vida singulares. Naturalmente aqui estes fatores se mostrarão mais intensos a ponto de superar os limites da categoria diferenciada para se tornarem categoria autônoma.

A linha divisória, nem sempre fácil de se determinar, é que vai decidir se se trata de categoria diferenciada ou autônoma.

Todos estes fatos servem para mostrar quão urgente é uma reforma fundamental no sindicalismo brasileiro, para que se livre definitivamente deste ranço formal e corporativista que o desvia da linha evolutiva do desenvolvimento social e político do Brasil, puxando para trás a atividade sindical, voltada para o interesse corporativista de alguns líderes superados e dissociada da modernidade que os novos tempos exigem dos trabalhadores e de suas lideranças.

Diante desta exposição, resta agora saber: podem os sindicatos dos servidores públicos se classificar como "categorias" nos moldes celetistas?

Toda a estrutura descrita foi elaborada para os trabalhadores e empregadores de atividades localizadas na iniciativa privada.

A CLT foi expressa em excluir os funcionários (*sic*) públicos da União, dos Estados e dos Municípios e aos respectivos extranumerários em serviço nas próprias repartições, bem como os servidores de autarquias, desde que sujeitos a regime próprio de proteção ao trabalho, análogo ao de funcionários públicos: art. 7º.

Mas o problema assumiu novos contornos com a Constituição de 1988, que permitiu a sindicalização e a greve, além de atribuir ao servidor vários dispositivos próprios do empregado.

A proibição da CLT sofreu sérias restrições. Se é verdade que não se aplica ao servidor público o mesmo estatuto do trabalhador privado, houve sem dúvida, por força da própria Constituição, uma mistura dos regimes, que redundou numa evidente aproximação entre ambos.

A História, caminhando em círculos, indo e voltando a pontos já vividos e desbravando sendas ainda não percorridas, segue seu curso sempre constituído de mudanças e permanências.[17]

---

(17) Nem mesmo o mundo da história pode ser entendido e interpretado apenas em termos de mudança. Este mundo inclui também um elemento substancial, um elemento de ser, o qual, contudo, não deve ser definido no mesmo sentido que o mundo físico. CASSIERER, Ernst. *Ensaio sobre o homem*. São Paulo: Martins Fontes. 1997, p. 281. Um "elemento de ser" e um "elemento de mudança" caracterizam a evolução do homem e das idéias através do tempo. Enquanto "é", o homem se transforma. E, enquanto se transforma, o homem "é".

A aproximação do servidor público e do trabalhador foi o resultado da quebra de uma tradição, que hoje não se justifica mais. O Estado unilateral, autoritário, impositivo cedeu lugar ao Estado bilateral, dialogal e democrático. Em qualquer relação em que se envolva, o Estado ouve, cogestiona, discute.

Esta situação não poderia ser diferente com o servidor, que é o elemento humano de que se serve para concretizar sua presença na vida social.

Diante destas considerações, podemos concluir: o Estado pode ser considerado "categoria" para efeito do sistema trabalhista adotado pela Constituição e pela CLT? A resposta é positiva, mas com as adaptações necessárias.

Do lado do servidor, está clara a "similitude de condições de vida oriunda da profissão ou do trabalho em conjunto, em situação de emprego na mesma atividade econômica". O servidor público é uma categoria profissional, formada pelo exercício de atividade em conjunto no amplo universo do serviço público.

Trata-se de trabalho exercido em benefício de outrem, exercido por pessoa física, mediante salário e subordinação.

Já sob o aspecto do Estado, é preciso raciocínio analógico, porque se trata de empregador único, que não exerce atividade tipicamente econômica (embora tenha evidentes resultados econômicos, ao lado de outros de natureza social e política). Contudo, emprega e dirige a prestação de trabalho, pois não se poderia falar de administração sem o necessário elemento humano para dinamizá-la.

Há uma relação de trabalho[18] dirigida para fins específicos, que não são apenas econômicos, pois não é esta a única finalidade da atuação do Estado, que de fato é bem ampla e consiste em servir o povo em suas necessidades e carências. O que houve foi a ampliação do objeto, sem perda da natureza da função.

Portanto, a relação de trabalho com o Estado é uma relação entre duas categorias em sentido lato, que envolve um vínculo de natureza trabalhista especial.

Na relação de trabalho com o servidor predomina o interesse individual, pois é dela que nasce seu sustento. Aqui há grande semelhança com o contrato de trabalho privado. Também o Estado, nesta relação, se assemelha ao empregador privado.

O servidor público constitui categoria profissional como qualquer outra. Mas possui característica especial.

O Estado, porém, como síntese de todas as referências jurídicas, age ao mesmo tempo como empregador, na relação particular com um servidor, e

---

(18) Sobre o conceito ver ÁLVARES DA SILVA, Antônio. *Pequeno tratado da nova competência trabalhista*. São Paulo: LTr. 2005, p. 91.

como defensor de interesses gerais. Aqui podem surgir dificuldades e contradições entre o Estado empregador e o Estado defensor do bem comum.

Diante destas considerações, como fica o princípio da unicidade?

Ele foi instituído em função do princípio do sindicato único, para evitar que, na mesma base territorial, não houvesse superposição de representações da mesma categoria profissional e econômica.[19] Presume, portanto, a existência de vários sindicatos.

Como o Estado é empregador único, de seu lado (ou seja, da categoria "econômica"), a unicidade já existe e é natural.

As pessoas jurídicas de direito público interno, que empregam servidores sujeitos ao regime estatutário, são múltiplas:

a) União;

b) os Estados, o Distrito Federal e os Territórios;

c) os municípios;

d) as autarquias;

e) outras entidades de caráter público criadas por lei.[20]

A União, por sua vez, se divide em "poderes" — o Executivo, o Legislativo e o Judiciário —, cada qual com inúmeras secções, repartições, serviços e ramos administrativos.

E aqui surge o problema, que ainda está em aberto: os servidores vão representar-se por um único sindicato, que abranja todos os que trabalham para o Estado? Ou vão constituir-se por órgãos, seções e serviços, como hoje acontece: sindicatos dos professores universitários, dos servidores do pronto-socorro, do INSS, da Secretaria de Segurança Pública?

Ou haverá um sindicato para os servidores de cada um dos Poderes do Estado? Sindicato dos servidores do Legislativo, do Executivo e do Judiciário ou um sindicato para cada um dos ramos e secções que constituem estes Poderes?

Eis a questão.

Administração Pública, Serviço Público e Servidor Público são categorias inerentes ao Estado e existem em todo lugar, onde a sociedade se organize numa entidade superior para governá-la. Portanto, podem ser analisadas abs-

(19) Este estudo não comporta a análise das vantagens e desvantagens do sindicato único e da pluralidade sindical. Remete-se o leitor interessado a outro livro, de minha autoria. *Pluralismo sindical na nova Constituição*. Belo Horizonte: Del Rey. 1990, p. 36 e ss.

(20) Art. 40 do Código Civil.

tratamente, sob a forma de conceitos formais intrínsecos ao Estado de Direito, já que todo Estado tem um governo que, em última análise, consiste em fazer leis e cuidar de seu cumprimento.(21)

A Constituição brasileira não fugiu à regra. No Título III, Capítulo VII, arts. 37-39, abordou a administração pública e os servidores públicos genericamente vistos. No inciso X do art. 37, dispôs que:

> "A remuneração dos servidores públicos e o subsídio de que trata o § 4º do art. 39 somente poderão ser fixados ou alterados por lei específica, observada a iniciativa privativa em cada caso, assegurada revisão geral anual, sempre na mesma data e sem distinção de índice."

A generalidade do artigo é visível: a remuneração é do servidor e não do servidor de um poder. É fixada em lei específica e a revisão é anual, na mesma data e sem distinção de índice.(22)

Se houver um sindicato para cada um dos Poderes ou pluralidade sindical, quem vai representá-los perante a AP nas negociações para o aumento do índice único?

Nestas situações, o Governo tem atendido a subcategorias(23) de maior força, como a Polícia Federal, servidores do INSS e servidores das universidades etc. Mas ficarão desamparadas as categorias mais frágeis? Se seus sindicatos são fracos, quem vai fortalecê-los? Pode abrir-se um fosso imenso entre servidores, o que também é uma injustiça, porque estabelecerá entre eles a desigualdade.

O Governo tem fugido ao índice único do art. 37, X, concedendo gratificações. Mas estas são aumentos de salário, embora sem se designarem "índices", o que é uma forma de burlar a Constituição, que não prevê aumentos particulares.

Por outro lado, o índice geral é uma injustiça, pois desconhece a diferença entre os bons e os maus servidores, como já se viu.

Voltaremos ao tema com detalhes no momento em que analisarmos a decisão do STF.

---

(21) MORRIS, Christopher. *Um ensaio sobre o estado moderno, op. cit.* p. 379.

(22) Esta identidade de índice de aumento é um dos mais graves erros da administração pública brasileira. Iguala desiguais, por isso comete a pior das injustiças. Os bons não têm incentivo pelo trabalho prestado e os maus não se preocupam em melhorar, porque estão sempre equiparados aos bons. Ganham os mesmos aumentos e recebem os mesmos benefícios. Como constituir desta forma uma administração pública moderna, eficiente, capaz de enfrentar os desafios da globalização?

(23) Estamos usando o termo "subcategoria" porque a categoria se refere ao servidor público em geral. Portanto é única.

São também servidores públicos os membros das Forças Armadas, a quem a Constituição veda o exercício do direito de greve — art. 142, IV, da CF. Como reivindicarão, na condição de servidores que são, melhorias de salário? A mesma pergunta se faz em relação à Polícia Militar.

Tenho repetidamente criticado, em livros e conferências, esta restrição de greve às Forças Armadas e Polícias Militares. A sindicalização e a greve são institutos universais, inerentes a quem trabalha e de seu exercício não pode ser excluída nenhuma categoria de servidor público.

A própria Convenção n. 87 da OIT não exclui a sindicalização. Em seu art. 9º diz: a legislação nacional determinará o âmbito de aplicação às Forças Armadas e à Polícia das garantias previstas na presente Convenção. Portanto o que se prevê é que a legislação local determine o limite de aplicação, ou seja, a extensão dos benefícios da Convenção 87 às Forças Armadas e Polícias. Evidentemente, isto não significa proibição.

Também a condição especial das Forças Armadas e das Polícias (posse de armas, organização baseada na disciplina e na ordem etc.) não as retira da proteção maior de institutos que protegem o servidor público.

Nenhuma arma pode ser usada em interesse próprio. Isto afrontaria a democracia e tornaria indigna a pessoa que assim agisse. A organização pela ordem e disciplina não é privilégio das Forças Armadas e Polícias, mas instrumento de toda sociedade organizada. O que muda é apenas a finalidade, os meios pelos quais a ordem e a disciplina se manifestam.

Se retiramos das Forças Armadas o poder de reivindicação, elas escolhem outros meios para manifestar-se, enviando suas esposas para demonstrar em frente ao Palácio da Alvorada ou fazendo "operação tartaruga" quando exercem atividades civis, como aconteceu recentemente com os controladores de vôo. Todos nós lembramos do que aconteceu ao País e dos prejuízos morais e materiais desta greve branca.[24]

---

(24) O Correio Braziliense publicou, em 10.3.08, reportagem que trouxe por título: "Número de funcionários cresceu 0,2% em 2007. Mas Folha aumentou 10,7%. Executivo teve o maior reajuste médio". Foi afirmado, na fonte citada, o seguinte: "Dos custos com a folha de pagamentos, o menor custo é para remunerar os militares. A despesa média com eles fechou 2007 em R$ 2.778... Este fato provocou da presidente da União Nacional das Esposas de Militares das Forças Armadas Brasileiras (Unemfa), Ivone Luzardo, o seguinte: A discriminação é muito grande. E, por não ter direito a fazer greve ou se manifestar, o militar sempre sai perdendo. O último reajuste que temos foi em 2006, de 10%. Nestes anos, estamos reivindicando 100% de aumento, equivalente às perdas anteriores. Mas sabemos que não vamos ser atendidos, desde outubro esperamos uma resposta do Ministério da Defesa sobre nossa pauta de aumentos". Primeiramente, estamos diante de uma associação inédita: a união de esposas de militares. Por que as esposas? Exatamente porque os militares não podem sindicalizar-se. Como a vida é um organismo vivo e eles precisam de um canal de reivindicação,

Portanto, é muito melhor reconhecer o direito às Polícias Militares e Forças Armadas e regular seu exercício, como propõe a OIT do alto de sua autoridade e experiência, do que vê-la manifestar-se por vias transversas e irregulares.

A Constituição também se silencia sobre o exercício do direito de greve por juízes e a doutrina, praticamente unânime, nega-lhes a prerrogativa. Veja-se a opinião de *Tomas Sala Franco* e *Remédios Roqueta Buj*:[25]

> 'El carácter de poder público' personificado-semejante al de los parlamentarios — de los Jueces y Magistrados — hace seguramente difícil el reconocimiento del derecho de huelga a este colectivo. Ello no obstante, a diferencia de la unanimidad de tratamiento prohibitivo de la huelga de los militares en el derecho comparado, existen ordenamientos que reconocen el derecho de huelga — si bien previo reconocimiento del derecho de sindicación — de los Jueces y Magistrados. Tal sucede, por ejemplo, en Italia Un sector de la doctrina interpreta el silencio normativo a favor del derecho de huelga de los funcionarios sin otros límites que respetar de los servicios mínimos que en su caso de establezcan (servicio mínimo de vigilancia penitenciaria de guardia).

O argumento principal é que o Judiciário é Poder da República e a seus titulares seria ilógico a prática da greve. O dito "poder público personificado", conforme os autores acima, que assimilaria os juízes aos parlamentares, seria o obstáculo à greve.

O argumento também tem natureza formal e está longe de ter força de convencimento.

É verdade que os juízes constituem um Poder. Mas, diferentemente dos membros do Legislativo e do Executivo, não são eleitos e detêm cargo vitalício, com direitos e deveres estatutariamente regulados.

Qual a opção que lhes resta para melhorar o salário e as condições de trabalho? Qual o meio de que podem utilizar-se para, numa sociedade democrática, reivindicar como qualquer servidor benefícios e direitos?

Ao presidente da República e membros do Congresso realmente seria difícil conceder o direito de greve, porque são eleitos, têm permanência passageira

---

tiveram de recorrer não a um sindicato, mas a uma associação e, ainda assim, de suas esposas. Evidentemente, por mais atuante que seja, esta associação jamais terá a força de um sindicato. Não pode negociar coletivamente. Não tem poderes legais de representação plena. Enquanto isso, o salário dos militares, segundo os dados citados, é proporcionalmente o mais baixo do Executivo. Eis aí uma forma explícita de injustiça, que precisa ser corrigida. Não é justo que os militares exerçam, por suas esposas, um direito humano inerente a todas as categorias que trabalham. Esta discriminação não resiste a uma crítica séria e precisa ser erradicada. O que há contra a sindicalização dos militares e da Polícia Militar é um preconceito e não um argumento fundamentado.

(25) *Op. cit.*, p. 300.

pelo serviço público. Não detêm cargo vitalício, nem sua atividade é regulada estatutariamente em direitos e deveres pormenorizadamente previstos.

Além do mais, detêm nas mãos os mais eficientes meios de regular seus direitos, enquanto no Poder. Os deputados e senadores legislam em causa própria e o presidente dispõe de enorme influência, em regimes presidencialistas como o nosso, de obter o que deseja. Mesmo porque sua situação é única e pessoal.

Já os magistrados constituem o Poder que dispõe de menos influência e força, o que não significa dizer que não tenham importância social e política. Não podem, porém, legislar nem influir diretamente. O que possuem está na lei, que eles não têm poderes para mudar. Lembre-se o que disse o Federalista sobre o Judiciário:

> "Quem considerar com atenção os diversos departamentos do poder perceberá que em um governo em que se encontrem separados, o judicial, devido à natureza de suas funções, será sempre o menos perigoso para os direitos políticos da Constituição, porque sua situação lhe permitirá embaraçá-los ou prejudicá-los em menor grau que os outros poderes. O executivo não só dispensa as honras, como também possui a força militar da comunidade. O legislativo não só dispõe da bolsa, como dita as regras que regularão os direitos e os deveres de todo os cidadãos. O Judicial, em troca, não influi nem sobre as armas, nem sobre o tesouro; não dirige a riqueza nem a força da sociedade, e não pode tomar nenhum a resolução ativa. Pode se dizer realmente que não possui força nem vontade, senão unicamente discernimento, e que tem de se apoiar definitivamente na ajuda do braço executivo até mesmo para que tenham eficácia suas sentenças."[26]

Este texto, produzido há cerca de dois séculos, mostra uma realidade que não pode ser esquecida. Comparar o Poder Judiciário com os demais só é válido quando se pensa na estrutura do Estado. Mas em relação ao poder (agora com "p" minúsculo) que exercem de fato na sociedade, ele é o mais pobre e o menos influente.

Bastam estes fatos para demonstrar que a omissão da Constituição sobre o direito de greve dos juízes não significa proibição. Pelo contrário, é um espaço em branco que deve ser preenchido com a afirmação positiva.

Se convém aos juízes fazer greve e quais os direitos que por ela desejam obter, trata-se de questão que eles próprios têm de resolver. Aqui se discute apenas o direito e não a conveniência e oportunidade de seu exercício.

---

(26) HAMILTON, Alexander; JAY, John; MADISON, James. *O federalista*. Rio de Janeiro. Editora Nacional de Direito. 1959, p. 312.

Jorge Miranda, em artigo sobre o tema,[27] conclui que os juízes não podem fazer greve. Seus argumentos são os seguintes:

1 — Os juízes são órgãos de soberania do Estado, ou seja, "órgãos que se ligam, necessária e primariamente, à soberania como poder próprio e originário do Estado; por isso, habitualmente qualificam-se como órgãos supremos", tendo, pela Constituição portuguesa, a competência de administrar a Justiça em nome do povo.

2 — Os juízes não são trabalhadores subordinados, mas órgãos da soberania. Não se comparam aos servidores públicos nem aos trabalhadores da iniciativa privada.

3 — A independência dos profissionais liberais é meramente técnica. A dos juízes assume um alcance político. É uma independência de poder.

4 — "A greve suspende, no que respeita aos trabalhadores que a ela adiram, as relações emergentes do contrato de trabalho, nomeadamente o direito à retribuição e, em conseqüência, desvincula-os dos deveres de subordinação e assiduidade" (art. 597, n. 1, do Código do Trabalho português). Como pensar em algo de similar relativamente a titulares de órgãos do Estado?

5 — *Jorge Miranda* rejeita a afirmativa de que os juízes, ao contrário, por exemplo, do Presidente da República, têm um estatuto próprio, que lhes disciplina a carreira, o que os sujeitaria ao arbítrio de outros poderes quanto a salários, direitos, deveres e situaiçaão profissioinal.

Rebatendo este argumento, que ele próprio trouxe ao debate, afirma:

a) a carreira se refere ao lado estritamente profissional, o que não o impede de julgar com liberdade e independência;

b) a lei que regula a carreira dos juízes provém do parlamento. Portanto, tem fonte legítima e pode fixar direitos e restrições;

c) o que sobressai na carreira dos magistrados é a vinculação umbilical ao funcionamento do Estado.

As razões são sérias e brandidas por um grande e experiente constitucionalista. Mas não nos sentimos por elas convencidos. Vamos respondê-las na ordem em que as resumimos:

1 — Realmente, no escalonamento dos cargos que constitui o perfil do Estado, há os que se encontram mais próximos de suas funções essenciais

(27) MIRANDA, Jorge. Os juízes têm direito à greve? *Revista do Instituto dos Advogados de Minas Gerais*. Belo Horizonte, s.v. n. 13, p. 15-30, 2007.

e outros que dela se distanciam. Mas esta disposição, aliás própria de qualquer hierarquia, não impede a visão correta de cada qual no contexto em que se situa.

O conceito de soberania é resultado da organização e da atividade do Estado. Para ela concorrem na verdade todos os cargos e funções, através da organização jurídica que os põe em funcionamento. Pelo fato de os juízes serem agentes diretos desta soberania, nem por isso ficam excluídos da defesa de seus direitos, pois os dois aspectos são distintos.

O presidente da República e seus ministros, os deputados e senadores, também órgãos diretos da soberania, também defendem seus direitos, embora de maneira mais sutil e dissimulada. O presidente dispõe de casas, segurança, aviões, cartões corporativos, verbas para despesas corporativas, cujos gastos são ocultados ao povo que o elegeu.

Os deputados e senadores gozam de benefícios vários que lhes aumentam o salário. Exercem influência e legislam em causa própria. Dispõem de vários meios de se autobeneficiarem. Já foi salientado que todo político acumula patrimônio, embora muitos deles jamais tenham exercido qualquer profissão. De onde vem então o patrimônio?

Dispõem da possibilidade de favorecer pessoas, arranjam, por influência própria, vantagens e benefícios para familiares e protegidos. E note-se que isso existe, em maior ou menor grau, em todos os países do mundo.

Já com os magistrados as coisas se passam de modo diferente. Não têm poder legiferante. Seus cargos são vitalícios e, portanto, fiscalizados pela sociedade. Não legislam em causa própria e não têm influência para favorecer amigos e parentes. O nepotismo, por força de lei, está definitivamente excluído de seu âmbito.

A corrupção é rara e, no fim da vida, não há acúmulo de capital.

Além do mais, como já salientado, não dispõem da bolsa nem da força e, para executar suas sentenças, precisam de outros poderes. Portanto, a discricionariedade e o poder de que dispõem são de fato bem menores do que a força e o prestígio dos demais poderes.

Note-se ainda que a tendência no mundo contemporâneo é cada vez mais afastar o Estado na solução de conflitos. Portanto, a tendência do Judiciário é perder, e não ganhar, influência e prestígio.

Estes fatos são suficientes para mostrar que a soberania que os juízes exercem tem, sim, significado, mas não se deve exagerá-lo nem compará-lo indevidamente com o Legislativo e o Executivo.

2 — É verdade que um juiz não pode ser comparado com o trabalhador ou com um servidor público comum. Há características que o distinguem. Mas esta distinção não é absoluta, mas funcional. São prerrogativas necessárias ao uso de sua profissão, que não o separam de modo absoluto de todos os que trabalham sujeitos a um estatuto.

A competência de decidir nem sequer é do Judiciário uma prerrogativa absoluta. Os árbitros, os conselhos de empresa, as associações, os sindicatos, todos decidem igualmente. Isso sem falar no Poder Executivo que, a todo instante, pratica atos decisórios em sentido lato, embora não definitivos, nos atos administrativos com os quais exterioriza sua atividade.

Não há, pois, razão para dizer que a soberania de que é titular a magistratura seja absoluta ou a eleva a um grau que a faça notória e distinta na sociedade moderna.

3 — Dizer que a independência dos profissionais liberais é técnica e a dos juízes, política, é fazer uma dosagem que a vida não faz. É verdade que a função decisória atinge diretamente a soberania do Estado, mas a dos profissionais liberais e a dos servidores públicos também dispõem de influência significativa, pois a soberania, enquanto conceito político, é um conjunto que se produz por todas as atividades que caracterizam o Estado, inclusive pela iniciativa privada, cuja força hoje é maior do que a burocracia oficial.

O fato de a greve suspender o contrato de trabalho e as obrigações a ele inerentes não muda a natureza das coisas. Quem opta pela greve tem de sofrer os ônus e gozar os benefícios que lhe são inerentes.

Com os juízes não poderia ser diferente. Se fazem greve, são grevistas como outra categoria qualquer. Não receberão salário porque não se paga salário a quem não trabalhou. Por outro lado, a sociedade não receberá seus serviços, ou seja, ficará privada, por um certo período, da atividade jurisdicional.

Como nenhuma greve é definitiva ou dura ilimitadamente, logo haverá negociações e composições para superar o impasse, o que é também inerente a toda e qualquer greve.

A atividade judicante está sem dúvida incluída nas atividades essenciais, que merecem do legislador tratamento especial. Uma certa continuidade do serviço será necessária. Os casos urgentes serão resolvidos. A sociedade não ficará desamparada. Um certo grau de prejuízo haverá sem dúvida alguma. No entanto, isso faz parte das regras do jogo. Caso contrário, não haveria greve.

5 — O fato de os juízes estarem sujeitos a estatuto próprio distingue-os profundamente do Legislativo e do Executivo. Isso realmente os torna dependentes dos outros Poderes. Por exemplo, o Legislativo pode mudar seus direitos, deveres e salários.

O Executivo é que, em última análise, lhes executa as sentenças. Trata-se, como se vê, de um Poder enfraquecido e dependente e não de um Poder originário, que se confundiria com a própria essência do Estado.

A maior intimidade com o Poder, dada a visível proximidade com soberania são próprias do Executivo e do Legislativo. O primeiro exerce atividade inerente à dinâmica funcional do Estado. Administrar o interesse público é, antes de tudo, ação e movimento. Ao segundo, ou seja, ao Legislativo, compete tarefa essencial de fazer lei, pois sem lei não há ordem, sem ordem não há ordenamento jurídico e sem ordenamento jurídico não há sociedade organizada.

Ao juiz resta apenas decidir conflitos. Sua atividade é estritamente profissional. Não é eleito. A legitimidade de seu cargo não provém do povo, embora a Constituição afirme que todo poder emana do povo e em seu nome é exercido. Menos o poder dos juízes. Embora se diga que o Judiciário seja Poder, não recebe o respaldo do voto popular. Há, pois, um pecado original.

Sua atividade, sendo estritamente profissional, provém de outro Poder, o Legislativo, que expede leis para sua regulamentação. Por isso, o único caminho que resta ao Juiz, para melhorar seu *status* profissional e sua independência, consiste exatamente em recorrer à greve como mecanismo de pressão, a exemplo de todos aqueles que trabalham, seja de que forma for.

Se assim não fosse, ficaria sujeito a terceiros e dependente de outros poderes.

Para que se diga que o juiz é independente e só se subordina à lei, é preciso que ele goze primeiramente da independência econômica e funcional. Nunca são livres os que não dispõem plenamente de todos os meios necessários para viver com dignidade.

Quando esta faixa é atingida, é lícita a busca, por recursos próprios, dos meios necessários para provê-la. Com os juízes não será diferente.

Sua "vinculação umbilical com a soberania" só se torna plena quando pode efetivamente exercê-la. Se os outros puderem não lhes dar os meios necessários, é em nome desta mesma soberania que é lícito aos juízes buscá-los por meios próprios.

Cremos que estes argumentos já são suficientes para desmistificar a função jurisdicional e colocá-la em seu devido lugar. Não se lhe pode negar a importância que tem em qualquer sociedade organizada, mas deve-se dela retirar a aura mística de "sacerdócio" e outros atributos que a empurram para um domínio moral e não profissional.

Exatamente por ser poder, não pode a magistratura recolher-se à passividade e esperar que outros poderes a assistam em suas necessidades e carências. Sua importância social a autoriza buscar, quando necessário, os instrumentos próprios que lhe faltarem para o cumprimento de sua missão.

Prosseguindo no tema vinculado ao servidor público, é preciso reconhecer que há uma série de dificuldades que se terá de enfrentar com a sindicalização e, posteriormente, com o direito de greve, a ele intimamente conectado.

Depois de todas estas reflexões, vê-se que o princípio da unicidade é intrínseco ao sindicalismo público, pois ele já é único por natureza. Portanto, torna-se difícil compreender a existência de inúmeros sindicatos de servidores públicos, representando diversas "categorias". No fundo, não se trata de categorias, mas de subdivisões do serviço público, que se personificam coletivamente em sindicato.

Estas personificações em sindicato dos diferentes setores ou ramos do serviço público é de duvidosa legitimidade constitucional e o problema vai surgir e terá de ser enfrentado nos tribunais.

Se persistirem os sindicatos representativos destas subdivisões, haverá grande dificuldade para conduzir, de modo racional e unitário, a negociação coletiva do Estado com os servidores públicos.

O mais correto seria considerar estes sindicatos como secções ou departamentos de um sindicato nacional de servidores públicos, que encamparia as negociações locais e ajudaria em sua condução.

Mas, pelo princípio da liberdade sindical, cabe a decisão aos próprios servidores públicos, já que não há regulamentação do assunto, pelo menos até agora.

Também não é possível falar em "base territorial" do sindicato dos servidores, que, por natureza, é único. Mesmo que se escolha como base a que possui as pessoas jurídicas de Direito Público — a União, os Estados e Municípios —, cada qual com seus limites territoriais definidos, o sindicato será único em cada um deles.

Conclui-se que a unicidade do sindicato dos servidores públicos tem caráter próprio e especial, a ela não se aplicando o art. 8º, II.

10.2.3. Defesa de direitos — art. 8º, III

A defesa de interesses do sindicato dos servidores públicos é a mesma dos sindicatos privados.

Agirá como representante nas questões individuais e, como substituto, naquelas em que predomina o interesse coletivo.

O cancelamento da Súmula n. 310 foi um grande passo na modernização da jurisprudência trabalhista.

A afirmação inicial da referida súmula de que "o art. 8º, inciso III, da Constituição da República não assegura a substituição processual pelo sindicato" era um erro formidável, que se chocava diretamente com o espírito da Constituição e contrariava a unanimidade da doutrina universal sobre o tema.

Hoje, com a evolução do Direito Processual, há três faixas de interesses:

a) o individual, que toca a esfera do indivíduo e cuja defesa se faz por sua própria iniciativa. Geralmente este núcleo se situa no Direito Privado;

b) o coletivo, que se situa numa faixa entre o público e o privado;

c) e finalmente, o interesse público, que se coloca além do interesse particular e grupal, estendendo-se a toda a sociedade, que é defendido pelo Estado de diferentes maneiras: pelo Ministério Público, Advocacia Geral da União, associações civis e profissionais (sindicatos) e até mesmo pelo indivíduo, na ação popular.

No Direito Individual do Trabalho, o interesse se situa no trabalhador, como cidadão isolado. Tem base contratual e, por isso, o conflito se dá entre uma pessoa física com outra pessoa, física ou jurídica.

Já no Direito Coletivo, por se tratar de interesses grupais, o sindicato age em nome próprio com repercussão em terceiros, que são os trabalhadores.

Não seria possível a atuação do sindicato nesta área por delegação pessoal e direta do trabalhador. A convenção coletiva e a greve só podem ser praticadas e realizadas por um órgão, diretamente. Não seria possível que o sindicato fosse à porta das fábricas pedir procuração aos trabalhadores para negociar em seu nome ou exercer o direito de greve.

Estes direitos, que envolvem o interesse de muitos, só podem concentrar-se em pessoas jurídicas, que agem independentemente, embora o resultado seja canalizado às pessoas que o constituem. Há, portanto, uma síntese, não uma soma de interesses.

O controle do grupo sobre o órgão que o substitui não se faz por delegação direta, por meio de mandato, mas através de assembléias, em que se discute a extensão da delegação e os limites da atuação.

O órgão substitutivo não age com liberdade ilimitada. Aqueles que compõem a categoria dispõem de controle e voz sobre sua atuação. A assembléia é livre e nela se discute a extensão da delegação. Daí para a frente, o órgão age com independência, porque não é possível, a todo instante, buscar a vontade individual do grupo.

A substituição é uma técnica de trabalho que o direito processual captou e juridicizou.

A CLT viu, com clareza, esta situação pela primeira vez no art. 872, quando autorizou ao sindicato a cobrança de salários garantidos em dissídio coletivo, independentemente da outorga de procuração.

O sábio legislador de 1943 percebeu com lucidez a diferença entre o dissídio individual e o coletivo. Neste já se supõe a vontade, manifestada anteriormente em assembléia. Portanto, dispensa-se a procuração.

A atuação individual do trabalhador, porém, para a cobrança dos mesmos salários, exige que ele conceda procuração a advogado para agir em seu nome.

Posteriormente, a ação jurídica do grupo desenvolveu-se, recebendo delegação do legislador para agir na defesa de certos interesses gerais, tais como consumo e bens de valor artístico, estético, histórico, turístico e paisagístico.

Lembra *Cândido Rangel Dinamarco*(28) que

"O direito moderno, por imposição da aglutinação de interesses supraindividuais na sociedade de massa, tende a ser um direito da coletividade e não apenas direito dos indivíduos, como nos moldes tradicionais. É das últimas décadas do século XX a intensa legislação de apoio aos valores do meio ambiente, da cultura e da história, de proteção aos consumidores como grupo em que se concentram interesses homogêneos etc., tudo se reconduzindo ao conceito amplo de direito de interesses transindividuais."

A passagem do indivíduo para o grupo e sua personalização jurídica corresponde ao equilíbrio que hoje ocupa o *homo medius* na História. Diz *Ortega y Gasset*: "O homem médio representa a área sobre que se move a história de cada época; é na história o que é o nível do mar na geografia".(29)

A personificação do grupo, tornando-o titular de reivindicação em que o interesse coletivo ocupa a linha de frente, ficando em plano reflexo ou indireto o interesse individual, é uma conseqüência natural desta sociedade de massa.

Está nas mãos do legislador a ampliação deste leque e é possível que ele sempre cresça, pois a sociedade atual divide-se predominantemente em grupos, que são o meio pelo qual o indivíduo reforça sua vontade e amplia seu poder de ação, sem se identificar com o Estado, em relação ao qual mantém sua independência.

É de se esperar que, no processo do futuro, qualquer cidadão ou grupo possa pleitear do Estado ações e intervenções de que a sociedade carece em qualquer sentido. Será a conquista da plena cidadania e o grau de participação máxima do indivíduo na sociedade em que vive, da qual a co-gestão já é uma mostra evidente, embora circunscrita à atividade empresarial.

---

(28) *Instituições de direito processual civil*. 2 ed. São Paulo: Malheiros. 2002, t. I, p. 155.
(29) *Rebelião das massas*. Rio de Janeiro: Livro Ibero-americano. 1962, p. 72.

Todos estes fatos servem para mostrar que a Súmula n. 310 representava um grande atraso. Sua afirmativa de que o inciso III do art. 8º não assegura a substituição processual pelo sindicato era um erro impressionante, pois tolhia dos sindicatos a substituição natural do grupo.

Se os sindicatos tivessem de esperar da lei a permissão para agir como substitutos processuais, sua atuação estaria amarrada e dependente do Estado.

Quem decide se deve agir como substituto ou como representante é o próprio sindicato, por delegação da assembléia. Cabe ao Judiciário decidir o mérito e não opinar sobre o meio.

Suprimida a súmula, espera-se agora que os sindicatos atuem e a Justiça do Trabalho aceite esta atuação em todos os campos do Direito do Trabalho, em que os interesses coletivos predominem sobre os individuais.

Só assim o trabalho se tornará um bem efetivamente social e o trabalhador, seu agente pleno e capaz.

Todas estas reflexões são para dizer que o sindicato dos servidores, neste aspecto, em nada difere dos sindicatos privados.

Defenderá os interesses do servidor no plano individual, coletivo e público. Atuará como agente de políticas públicas em sua defesa e com isso servirá diretamente a sociedade.

Não se há de esquecer que a atuação do Estado se faz pela mão do servidor. Um serviço público organizado e eficiente é a chave de todo o progresso social.

O sindicato dos servidores, no campo individual e coletivo, poderá ajudar decididamente no aperfeiçoamento do serviço público. Mas também deverá ter uma atitude educativa e formadora, tendo a consciência de que o interesse do servidor está diretamente ligado ao da sociedade e ao do povo.

Portanto, o sindicato que os representa deverá ter não só um objetivo individual, voltado para a pessoa do trabalhador público, mas também um objetivo social e coletivo, para criar meios e condições a fim de que o servidor cumpra seu papel, que é o de servir à sociedade.

Conclusão: a defesa dos interesses individuais e coletivos (e muitas vezes, públicos) dos servidores é tarefa de seu sindicato, negociando e exercendo o direito de greve, agora explicitamente reconhecido pelo Judiciário.

10.2.4. Contribuição sindical

A contribuição sindical, prevista no art. 578 da CLT, e mantida, embora indiretamente, pela CF de 1988 — art. 8º, IV — não se aplica ao sindicato dos servidores públicos, por impossibilidade lógica com o sistema jurídico hoje vigente.

Pelo art. 580 da CLT, a contribuição sindical do empregado corresponde a um dia de salário. A do empregador se mede pelo capital social da empresa na proporção ali indicada.

Do lado do empregado, seria plenamente possível o cálculo e o desconto, porque há pagamento de salário. Já do lado do empregador, torna-se impossível a fixação, porque não se pode falar em "capital social" em relação ao Estado.

Portanto, o sindicato dos servidores terá de se constituir autonomamente, sem receber tributo do Estado. Será, portanto, um sindicato livre de peias do governo, o que lhe garantirá independência e liberdade para o exercício de suas funções.

Por mais contraditório que pareça, justamente o sindicato dos trabalhadores do Estado será o mais independente perante ele, pois não viverá de tributos nem de auxílios oficiais.

Uma das principais notas caracterizadoras da liberdade sindical é a independência perante o outro sindicato. Se o sindicato dos empregados recebe favores do sindicato do empregador, está maculada sua independência. Como poderá negociar livremente se depende da outra parte? Será um sindicato pelego e fantoche, que não será capaz de lutar e obter vantagens para sua categoria.

Desse mal não sofrerá o sindicato dos servidores públicos e esta será sua grande vantagem. Se todos fossem iguais a ele, não haveria impedimento para a ratificação da Convenção n. 87 da OIT.

Como viverá o sindicato? A resposta é simples. Como os demais sindicatos em todo o mundo, receberá o suporte econômico de seus próprios membros.

Se for sindicato único, da forma já descrita, terá meios financeiros para se fortalecer e prestar muitos serviços a seus representados, além do exercício com independência da defesa dos interesses da categoria. Aqui se aplicará o art. 513, *e*, da CLT.

Este é o lado mais positivo e marcante do sindicato dos servidores públicos. Servirá de exemplo aos demais e constituirá a primeira experiência de associação profissional com total independência.

O sindicalismo sofreu, e ainda parcialmente sofre, de quatro doenças que o impediram de ser grande e independente, no curso destes longos anos, desde a vigência da CLT de 1943 até hoje:

a) justiça classista, hoje felizmente extinta pela EC n. 24/99;

b) dissídio coletivo, parcialmente extinto pela EC n. 45/04. Se prevalecer a jurisprudência hoje vigorante na 4ª Turma do TRT de MG e acolhida, em boa hora, pelo TST, o ajuizamento de dissídio coletivo de natureza econômica dependerá de acordo das partes. Esta modificação retira do dissídio coletivo seu lado cogente, como resquício do fascismo italiano, afastando definitivamente o Estado da intervenção direta nas relações coletivas de trabalho;[30]

c) unicidade sindical e contribuição sindical, que até hoje infelizmente permanecem.

Ao organizar-se sem as deformações da unicidade, como está na CLT, e sem a contribuição sindical, o sindicato dos servidores públicos será o mais moderno do País e servirá de modelo à nova geração de sindicatos.

10.2.5. Sistema confederativo

Como o sindicato dos servidores públicos é único, porque representa uma só categoria, não há possibilidade de constituir federações e confederações. Portanto, não há falar em contribuição para custeio do sistema confederativo.

10.2.6. Filiação

O inciso V do art. 8º suscita a mesma questão que já foi discutida perante o sindicato privado. A Constituição, em evidente falta de tecnicismo, diz que "ninguém será obrigado a filiar-se ou manter-se filiado a sindicato".

A afirmação é despicienda e inútil. Do ponto de vista formal, é evidente que ninguém pode ser obrigado a pertencer a uma associação, qualquer que seja sua natureza. Não há no Direito associação compulsória. O associacionismo é por natureza voluntário.

Os homens se congregam livremente para atingir fins comuns. Os regimes fascistas e comunistas obrigaram, direta ou indireta, as pessoas a se congregarem em associações que mais serviam ao Estado do que a seus membros e a seus fins.

Além do mais, a Constituição já dissera anteriormente — art. 5º, XX —, que "ninguém poderá ser compelido a associar-se ou a permanecer associado", o que garante a liberdade de pertencer ou não à associação.

Analisado do ponto de vista da teoria do sindicalismo, o dispositivo também não se sustenta. Ao dizer, no art. 7º, III, que ao sindicato cabe a defesa dos

(30) Sobre o tema, em pormenores, ver ÁLVARES DA SILVA, Antônio. *Competência penal trabalhista*. São Paulo: LTr. 2005, p. 306. *Idem, Dissídio Coletivo e a EC 45/04*. Belo Horizonte: RTM. 2005. Este livro trata especificamente do assunto.

direitos e interesses coletivos ou individuais da *categoria*, a Constituição tornou despicienda a figura do filiado, associado ou membro do sindicato, como categoria distinta.

Esta "representação compulsória" da categoria, própria dos regimes de sindicato único, não deixa margem para qualquer distinção dentro dela: todos os que pertencerem à categoria são por ela representados. Qual seria então o lugar para os associados, sindicalizados ou filiados?

Estas expressões, usadas indistintamente pela CLT para indicar esta situação adicional do membro da categoria em relação ao sindicato, seriam apropriadas ao regime de pluralidade sindical, em que o trabalhador se sindicaliza, filia-se ou associa-se ao sindicato de sua escolha, o que não existe em nosso sistema.

Trata-se, pois, de um dispositivo inócuo, sem nenhuma utilidade para os sindicatos.(31)

Aplicando o dispositivo ao sindicato dos servidores públicos, tem-se que todo servidor é livre para associar-se ou não. Saliente-se, porém, que esta situação de filiado, sindicalizado ou associado não lhe dará nenhum direito adicional ou prerrogativa em relação aos demais, pois, como já salientamos anteriormente, esta distinção é inconstitucional, já que o sindicato representa todos os membros da categoria.

Mesmo não possuindo esta condição, o servidor terá todas as vantagens e sofrerá todos os ônus do que for decidido pelo sindicato, pois é membro da categoria *ex vi legis*.

10.2.7. Obrigatoriedade da presença sindical na negociação coletiva

Esta determinação do art. 8º, VI, da CF visa a garantir a igualdade de forças nas negociações coletivas, principalmente do lado do empregado, pois a empresa já é uma organização em si mesma e, em relação a ela, não se aplica o princípio da hipossuficiência.

Do lado do empregador, virá o Governo que, evidentemente, não é um sindicato, mas uma estrutura organizacional que a ele se equivale. Do lado do servidor, seu respectivo sindicato.

Não se haveria de exigir que o Governo constituísse sindicato para fazer cumprir o art. 8º, VI, da CF.

---

(31) Para detalhes sobre o tema, ver ÁLVARES DA SILVA, Antônio. *Pequeno tratado da nova competência trabalhista, op. cit.* p. 189 e ss.

A aplicação deste princípio de ordem constitucional atrai a aplicação do art. 616 da CLT, pelo qual "Os sindicatos representativos de categorias econômicas ou profissionais e as empresas, inclusive as que não tenham representação sindical, quando provocados, não podem recusar-se à negociação coletiva".

Tanto o Governo pode convocar o sindicato dos servidores públicos quanto este ao Governo, para se assentarem em mesa de negociação, em razão do interesse recíproco.

Isso significa que a negociação coletiva entre servidores e Governo será doravante permanente e constante, não se limitando à suposta data-base do art. 37, X, pois ali se trata da "revisão geral anual" através de índices gerais e iguais. E é evidente que a negociação coletiva dos servidores com o Estado não se limita apenas a um índice de revisão salarial, pois os direitos e deveres de ambos os lados são muito maiores do que a mera questão salarial.

Se não houver negociação ou, havendo, não for exitosa, as partes poderão recorrer ao dissídio coletivo e à greve – art. 616, § 2º, combinado com art. 9º da CF.

Também se aplicará o art. 617 da CLT, pelo qual se garante o direito à negociação, em caso de acordo coletivo, diretamente pelos interessados, em caso de recusa injustificada do sindicato.

O acordo coletivo é compatível com a negociação coletiva no setor público.

Mostra a experiência que certos temas são de interesse da categoria. Outros têm pertinência mais com setores do que com a generalidade.

Gênero e espécie são métodos que se empregam em qualquer administração, para melhor resolver problemas e compor interesses.

Não seria possível pensar tudo genericamente, esquecendo-se dos detalhes que a extensão não permite ver. Também não é correto considerar apenas particularidades, esquecendo-se o sistema maior em que se enquadram. Tudo é questão de senso e oportunidade.

Se a árvore constitui a floresta e se a floresta se forma da árvore, ambas compõem uma estrutura coesa, o que não impede a análise em separado do todo e da parte, ou seja, da floresta ou da árvore.

Pela extensão coberta pelos serviços públicos,[32] sempre ficam particularidades e problemas localizados dentro deste amplo universo. Atendê-los, numa

---

(32) O Estado, mesmo que mínimo, é por natureza extenso e cobre vasta área da atividade humana. Lembre-se esta famosa passagem de Thomas Hobbes de Malmesbury: "Visto que o fim dessa instituição é a paz e a defesa de todos, e visto que quem tem direito a um fim tem direito aos meios, constitui direito de qualquer homem ou assembléia que detenha a soberania o de ser juiz tanto dos meios para a paz e a defesa quanto de tudo o que possa perturbar ou dificultar estas últimas". A paz e a defesa de

negociação particularizada com um setor específico da AP, completa a negociação coletiva ampla, que trata dos interesses gerais dos servidores públicos.

O acordo coletivo se perfaz, no setor privado, pelo entendimento entre o sindicato e uma ou mais empresas da correspondente categoria econômica — art. 611, § 1º, da CLT.

Na negociação pública, "empresa" ou grupo de empresas equivale ao Estado personificado em setores da AP, por exemplo, segurança, finanças, ensino, saúde pública etc., os quais negociarão com os respectivos servidores os interesses próprios da área.

Fica assim resguardado ao servidor o direito à negociação coletiva individual, independentemente do sindicato, na hipótese mencionada.

A hipótese é rara porque o sindicato existe para guarnecer e não para desamparar a categoria profissional. Normalmente, quando deixa de participar da negociação coletiva, é porque entende que a negociação coletiva é inoportuna ou prejudicial ao servidor público, ou feita em prejuízo de programas e planos gerais estabelecidos pelo sindicato.

10.2.8. Aposentado e eleições sindicais

O art. 8º, VII, aplica-se sem problema ao sindicato dos servidores públicos.

Se se entender que o sindicato dos servidores públicos conviverá com esta esdrúxula figura do empregado filiado, sindicalizado ou associado, ao servidor aposentado se exigirá esta condição, para que possa participar de eleições.

Entendo, entretanto, que, por razões doutrinárias já expostas e em razão da situação peculiar do serviço público, ela não é exigível.

O sindicato dos servidores públicos representa automaticamente todos os servidores de todos os setores da AP. Logo não há que se falar em filiação para efeito de vantagens e ônus.

Além do mais, sendo livres, os sindicatos podem eleger quem eles quiserem, não cabendo interferência ou intervenção do Estado nesta escolha. O ser ou não aposentado não constitui nenhum impedimento para o exercício de função sindical.

---

todos e a mobilização dos meios para se chegar a este fim é uma tarefa ingente, que o Estado está obrigado a realizar. A renúncia à ação desordenada e egoísta de cada um para uma ação coordenada e eficiente do Leviatã, faz com que o cidadão exija dele uma prestação permanente para o bem comum. A permanente reivindicação do indivíduo contra o Estado é resultado da renúncia da ação individual, que a ele foi concedida em nome do interesse geral.

11. ANÁLISE DA DECISÃO DO STF E SUA CONSEQÜÊNCIA PARA OS DIREITOS COLETIVOS TRABALHISTAS DOS SERVIDORES PÚBLICOS

O Sindicato dos Trabalhadores do Poder Judiciário do Estado do Pará interpôs o MI (712) com o objetivo de dar efetividade à norma inscrita no art. 37, VII, da CF. Os impetrantes entraram em greve para obter reajuste de 105% e o TJ do Pará apenas concedeu 9%.

A Corte decretou a ilegalidade da greve e determinou o corte dos dias paralisados. Daí requererem a utilização da Lei n. 7.783/89 até o advento de norma reguladora específica.

O Ministro *Eros Grau* proferiu brilhante voto, seguido em substância pela maioria dos ministros do STF. A súmula da conclusão foi a seguinte:

> Decisão: O Tribunal, por maioria, nos termos do voto do Relator, conheceu do mandado de injunção e propôs a solução para a omissão legislativa com a aplicação da Lei n. 7.783, de 28 de junho de 1989, no que couber, vencidos, parcialmente, os Senhores Ministros Ricardo Lewandowski, Joaquim Barbosa e Marco Aurélio, que limitavam a decisão à categoria representada pelo sindicato e estabeleciam condições específicas para o exercício das paralisações. Votou a Presidente, Ministra Ellen Gracie. Não votou o Senhor Ministro Menezes Direito por suceder ao Senhor Ministro Sepúlveda Pertence, que proferiu voto anteriormente. Ausente, justificadamente, a Senhora Ministra Cármen Lúcia, com voto proferido em assentada anterior. Plenário, 25.10.2007

Houve assim drástica mudança na jurisprudência do STF, que foi além da mera decisão de constituir o Legislativo em mora. Agora, foi à frente e, na falta de norma reguladora específica, aplicou a Lei n. 7.783/89, com adaptações, que serão a seguir comentadas.

A decisão é de suma importância para o servidor público e para todo o País, pois regula um tema que estava desenhado apenas em âmbito constitucional — art. 37, VII. Foi assim, pelo menos neste caso concreto, sanada a inconcebível contradição de alguns dispositivos da Constituição que, consagrando um direito, submeteu sua eficácia à norma jurídica inferior, que não é editada.

Mas a decisão tem sentido genérico, pois, conforme consta na conclusão acima transcrita, ficaram vencidos três ministros que limitavam a decisão à categoria representada pelo sindicato e estabeleciam condições específicas para o exercício das paralisações.

Se ficaram vencidos os que limitavam a decisão à categoria representada, isto significa que o voto se estende a todas as categorias.

Foi enfrentada e resolvida a intolerável contradição de um Poder da República — o Legislativo — ter o superpoder de impedir a vigência plena da Constituição, pois, não legislando para regulamentar, bloqueia o direito ali consagrado. Como pode a Constituição dizer-se norma fundamental do ordenamento jurídico de um povo se um de seus poderes tem o poder de fraudar sua vigência?

Seja conceituada como norma fundamental ou como estatuto organizatório ou instrumento de governo,[1] o fato é que a Constituição precisa de vigência, pois, de uma forma ou de outra, ela constitui a base funcional e política do ordenamento jurídico.

Se falha neste propósito fundamental, são inúmeros os prejuízos públicos ao Estado e ao cidadão, que não têm referência segura sobre assuntos que a própria Constituição elegeu como fundantes do ordenamento jurídico.

Lembre-se do caos que o País vinha vivendo com a greve de servidores públicos em serviços essenciais, amarrando a atividade estatal, privando o povo de bens necessários e, muitas vezes, sem trazer qualquer benefício aos grevistas.

Agora, bem ou mal, a questão está superada. Lembre-se *Goethe*: prefiro uma injustiça à desordem. No caso, houve ordem e justiça, pois um velho problema que afligia a sociedade está resolvido. Resta agora aos juristas e ao legislador aperfeiçoá-lo. A análise que a seguir se faz tem este propósito.

A primeira parte do acórdão trata da mudança da jurisprudência em julgamentos de mandados de injunção, passando-se da mera declaração de mora para o efetivo regulamento.

Depois, entra no tema, fazendo algumas reflexões sobre o direito de greve, que precisam ser consideradas para se avaliarem a conseqüência e a extensão do que foi decidido.

"A greve é a arma mais eficaz de que dispõem os trabalhadores como meio para obtenção de melhoria em suas condições de vida. Consubstancia um poder

---

(1) MENDES, Gilmar Ferreira. COELHO, Inocêncio Mártires. BRANCO, Paulo Gustavo Bonet. *Curso de direito constitucional*. São Paulo: Saraiva. 2007, p. 4.

de fato; por isso mesmo que, tal como motivado o princípio no texto constitucional (art. 9º), recebe concreção imediata — sua auto-aplicabilidade é inquestionável — como direito fundamental de natureza instrumental."

A afirmação está correta e corresponde à essência do direito de greve. Se ela consubstancia um poder de fato e é direito fundamental de natureza instrumental, sua auto-aplicabilidade é imediata.

Ora, se a greve é direito fundamental de natureza instrumental e arma eficaz de que dispõem os trabalhadores, era natural que o trabalhador público dela também se servisse para sua luta, pois, como já foi explicado, a relação de trabalho com o Estado não muda sua natureza jurídica, mas tão-só sua finalidade.

O trabalhador público não muda sua condição pelo fato de trabalhar para o Estado. Como pessoa que não detém os meios de produção, vende para ele, como venderia para o particular, sua força-trabalho, pois é dela que retira o sustento de sua vida.

Deixar sem exercício do direito de greve o trabalhador público era uma discriminação absurda, que não condizia com o apreço que a Constituição atribui ao trabalho humano, colocando como fundamento da República os valores sociais do trabalho e da livre iniciativa — art. 1º, IV da CF —, bem como da ordem econômica "fundada na valorização do trabalho humano e na livre iniciativa" — art. 170 — e na ordem social "que tem como base o primado do trabalho e como objetivo, o bem-estar social" — art. 193.

Embora com retardo, o erro foi corrigido e agora o servidor público, como qualquer trabalhador, pode praticar greve com responsabilidade, risco e conseqüência.

O acórdão pretendeu fazer uma diferença da greve no serviço público com a greve no setor privado, afirmando que, neste, a greve coloca em risco interesses egoísticos do empregador, que deixa de acumular capital. Há então uma oposição direta entre os interesses do trabalhador e do capitalista.(2)

Já o mesmo não se daria com a greve no serviço público, porque aqui aos interesses dos trabalhadores não correspondem antagonicamente interesses individuais, senão o interesse social.

---

(2) "Interesses egoísticos" podem existir, e freqüentemente existem, também do lado do Estado como empregador, quando protela ações com recursos desnecessários, atentando para o próprio estado de direito que ele mesmo construiu ou quando não paga salário justo a seus servidores, sujeitando-os a uma vida aquém dos padrões normais. Quando recorre ao precatório para pagar débito de sentenças judiciais, este egoísmo vai ao ápice, pois deixa de cumprir a ordem judicial do modo normal que todo condenado cumpre, para se esconder atrás de privilégios inconcebíveis com o critério da igualdade.

Já aqui a distinção não procede e é equivocada. Mais uma vez, saliente-se que o vínculo do trabalhador com o Estado ou com o particular tem a mesma natureza, mudando-se apenas a finalidade.

Se assim fosse, também na iniciativa privada, aos interesses do trabalhador se oporiam os interesses sociais, talvez até mesmo em intensidade maior do no serviço público, pois o setor produtivo de prestação de serviço, industrial, comercial e rural, ou seja, a indústria, o comércio e a agricultura e a prestação de serviços, basicamente considerados, é que dinamizam toda a economia do País.

É difícil saber qual é mais lesivo para a sociedade: uma greve da polícia ou de um hospital, de um banco ou de uma fábrica que empregue mil trabalhadores.

Se é verdade que a AP é curadora de determinados interesses que a lei define como públicos e considerando que a defesa, a manutenção e o prosseguimento deles devem ser obtidos a qualquer custo,[3] este princípio deve ser conjugado com outro que permite sua interrupção provisória e setorial, quando se trata de exercício do direito de greve que, por ser também um valor constitucional, deve ser materializado a qualquer custo.

É mais uma vez a hipótese de incidência do princípio da concordância prática — *Das Prinzip praktischer Koncordan.*

Portanto, o princípio da continuidade tem contraponto com o outro princípio, a paralisação momentânea do serviço público, por ocasião de greve do servidor.

Se esta exceção não fosse possível nem desejável, o legislador constitucional não teria estabelecido em seu corpo o direito de greve. Portanto, interpretar a Constituição em favor do serviço público e contra o direito de greve é um exagero hermenêutico que deve ser corrigido.

Não se pode supervalorizar um princípio constitucional em prejuízo de outro. Se a Constituição acolheu os dois, é porque os quis de modo igual. Colocá-los em seus devidos lugares e interpretá-los adequadamente de acordo com a função que devam desempenhar é papel reservado à prudência do intérprete.

Depois de salientar que a interpretação constitucional se submete aos cânones gerais da interpretação jurídica, embora haja especificidades que precisam ser consideradas e salientadas, diz *Jorge Bacelar Gouveia*:

> "Em cada momento da interpretação jurídico-constitucional, é preciso levar em consideração a magnitude do poder público que se pretende regular e daí extrair conseqüências para o sentido a captar nesta sede."[4]

---

(3) MELLO, Celso Antônio Bandeira de. *Curso de direito administrativo*. 21. ed. São Paulo: Malheiros. 2006, p. 76.

(4) GOUVEIA, Jorge Bacelar, *op. cit.* v. I, p. 665.

Portanto, o poder público que está em causa e suas conseqüências para a sociedade é que constituem o cerne da hermenêutica constitucional.

A própria Constituição já disse, em relação ao direito de greve em geral, que "A lei definirá os serviços ou atividades essenciais e disporá sobre o atendimento das necessidades inadiáveis da comunidade" — Art. 9º, § 1º.

Admitiu, pois, que há greves em atividades essenciais e em atividades não essenciais, tanto no serviço público quanto na atividade privada, já que não se fez qualquer distinção no texto constitucional.

Logo não há nenhum motivo para considerar todo e qualquer serviço público essencial para efeito do direito de greve. Há os que são e os que não são. Tudo dependerá do caso concreto.

Finalmente, deve ser dito que, consistindo a greve em paralisação momentânea e temporária do serviço público e privado, haverá sempre perdas e privações de quem se serve destes serviços. Uma greve nunca vem desacompanhada de lesão.

Mas o Estado, ao longo de sua história, ponderou que é melhor suportar este prejuízo e dar meios ao trabalhador, público ou privado, de reivindicar direitos, do que autoritariamente impedir a greve.

Como sempre, procurou um equilíbrio entre o conceder e o não conceder, entre o dar e o não dar, que é, em última análise, a busca permanente do legislador através dos tempos: tentar o equilíbrio entre valores diversos, procurando uma harmonia entre eles.

Ou, na expressão de *Bacelar*, citado há pouco, é preciso considerar a magnitude do serviço público que se pretende regular, avaliando seu interesse e o resultado que oferece à sociedade.

"Valores" são estimativas que fazemos das coisas porque as queremos ou desejamos. Se esta estimativa está nas coisas, objetivamente, ou no sujeito avaliante (subjetivamente consideradas), trata-se de discussão estritamente filosófica,[(5)] mas que tem reflexos no ordenamento jurídico, porque os valores podem ser, além de individuais, coletivos. Aqui já não se considera o indivíduo, mas o cidadão, formando o grupo de que faz parte.

Como são inesgotáveis os valores humanos e permanente sua criação, motivados por atos individuais e coletivos, a um valor se opõe outro, tanto no plano do indivíduo quanto do cidadão, isto é, na pessoa e na coletividade.

---

(5) Veja-se MAYNEZ, Eduardo García. *El problema de la objetividad de los valores*. México: Colegio Nacional. 1979, p. 7 e seguintes, onde se tem ampla discussão do assunto.

Aqueles valores que a sociedade julga preponderantes e necessários, ela os estabelece cogentemente para efeito de ordenar, num mínimo desejável, o comportamento humano.

Se a lei ou a Constituição contempla múltiplos valores, cumpre ao intérprete mostrar pela hermenêutica o lugar de cada um, constituindo, pela lógica da razão, um universo harmônico e não um todo desordenado e segregacionista.

Este é o caso presente. Cumpre conjugar a greve, que importa na paralisação da atividade prestada pelo servidor, com a continuidade da prestação, também indispensável à sobrevivência e à ordem de qualquer sociedade.

Não houve, portanto, o desejável equilíbrio. Ainda predominou o sentimento atávico da unilateralidade das decisões administrativas, sempre presente como idéia interpretativa que orienta as decisões de nossos tribunais.

O tempo passa, as coisas mudam, os valores se transformam, mas os juízes muitas vezes não percebem as modificaçõoes.

A evocação do princípio da continuidade só teria sentido se a greve fosse nacional ou, pelo menos, estadual ou municipal, colocando em risco a prestação de serviço público.

Não cremos que possa haver uma greve nacional de trabalhadores no setor público. Ela será, na certa, limitada a setores ou ramos, tais como greve dos servidores do INSS, do Poder Judiciário, e assim por diante.

Admitindo-se que possa haver uma greve geral, estão aí o Ministério Público, a quem cabe a defesa da sociedade, e o Judiciário Trabalhista, a quem cabe decidir com rapidez as questões sociais. Estas instituições saberão pôr as coisas em seus devidos termos, cortando os exageros sem sacrificar o conteúdo.

Considerar essencial a prestação de serviço público em todas as suas modalidades é um evidente exagero, que vai diminuir os efeitos da greve e, além disso, causar uma discussão judiciária paralela sobre quais serão os serviços essenciais nos diferentes setores do serviço público.

No caso de se acionar o Poder Judiciário (que será a Justiça do Trabalho, conforme se verá), o juiz do trabalho terá de usar de discricionariedade para dizer onde está esta "essencialidade" em cada um dos setores da AP. Haverá, na certa, uma discussão judicial paralela à greve que pode enfraquecê-la ou torná-la incontrolável, pela juridicização excessiva do movimento.

A seguir, o acórdão faz corretas ponderações sobre a situação peculiar do serviço público e a inaplicabilidade da Lei n. 7.783/89, sem adaptações.

O raciocínio é pertinente, pois observa a finalidade específica do serviço público, mas não sua autonomia, como venho afirmando ao longo deste trabalho.

De fato, "a Constituição não pode ser interpretada em tiras, aos pedaços, porém no seu todo", como afirmou o Ministro com base em seu livro "Ensaio e discurso sobre a interpretação/aplicação do direito".

Não se pode descer a detalhes para conhecimento do todo, sem riscos de mutilação, assim como não se pode subir da espécie para o gênero, sem conhecer o caminho que, do gênero, se desceu à espécie.

A comparação do MI com o art. 4º da Lei de Introdução ao Código Civil, pelo qual cabe ao juiz decidir o caso concreto de acordo com a analogia, os costumes e os princípios gerais do direito, vale apenas como referência, pois são institutos diferentes.

A analogia, os costumes e os princípios gerais de direito destinam-se a prover o juiz dos meios necessários para decidir um caso concreto, quando lhe falta a norma. Estamos diante de um caso de completude do ordenamento jurídico.(6)

Já no MI existe o direito, já integrado no ordenamento jurídico. Apenas lhe falta a eficácia, em razão do travamento existente pela falta de norma regulamentar inferior.

As hipóteses são diversas, embora tenham um ponto em comum. Se falta a norma, é preciso criá-la, por mecanismos jurídicos. Se já existe, mas lhe falta eficicácia, pelas mesmas razões tal eficácia deve ser obtida também pelos instrumentos do sistema. E aqui entra o MI, que destrava a norma constitucional, jogando-a na realidade por ato do Judiciário, até que o legislador cumpra sua função.

Já com o mandado de segurança, não há nenhuma comparação útil. Aqui se cuida de obter pelo Judiciário um direito com certeza e liquidez ferido por ilegalidade ou abuso do poder público.

No MI não se lida com certeza e liquidez de direito, mas sim com sua eficácia, obstada por ato normativo inferior que não foi editado.

No voto se afirma:

> "O que pode tornar inviável o exercício de algum direito, liberdade ou prerrogativa constitucionalmente assegurados não será nunca a falta de norma regulamentadora mas, sim, a existência de alguma regra ou princípio que proíba ao juiz recorrer à analogia, aos costumes ou aos princípios de direito para suprir a falta de norma regulamentadora."

---

(6) ÁLVARES DA SILVA, Antônio. *As súmulas de efeito vinculante e a completude do ordenamento jurídico*. São Paulo: LTr. 2004, p. 49 e ss.

Não sei se há em algum lugar regra, princípio ou norma que impeça ao juiz recurso à analogia, costumes e princípios de direito. Se existir, será contraditório e anticientífico, pois não se pode por lei ou norma combater princípios doutrinários, que existem exatamente para completá-la, auxiliando-a a reger com eficiência o setor da vida social que se destina a regular.

Estes conceitos são instrumentais e auxiliares do raciocínio jurídico. Proibi-los seria impedir o juiz de pensar e aplicar a lei.

O acórdão distingue muito bem a função judiciária da legislativa, em se tratando de MI, estabelecendo distinção oportuna entre função legislativa e função normativa.

No caso do MI, os tribunais não legislam, mas apenas normatizam. Não há assim invasão de Poderes, com quebra da necessária harmonia que deve haver entre eles.

A legislação é atividade do parlamento em sentido amplo. Tudo que existe na vida social pode ser objeto do legislador. Daí a afirmativa de *Pontes de Miranda*: "quem legisla é o mestre da vida social".

Este poder evidentemente o Judiciário não possui nem o pratica quando normatiza a lacuna do MI. Sua função aqui é meramente supletiva. Atua porque o legislador não atuou. E não impede que ele atue depois.

Daí a correta distinção entre função legislativa, própria do legislador eleito e função normativa, de natureza supletiva, exercida complementarmente pelo Judiciário.

Esta função do Judiciário pode até ter grande extensão: a jurisprudência (que também é uma forma de normatizar), os regimentos internos, as normas reguladoras de serviços etc. Mas a qualidade destas normas é sempre inferior à da lei, pois o Judiciário não tem o poder de inovação, isto é, não pode criar, a não ser nos limites de outra norma.

12. COMENTÁRIO À LEI N. 7.783/89 ADAPTADA AO DIREITO DE GREVE DO SERVIDOR PÚBLICO

Ao deferir o MI, o voto oferece a regulamentação do art. 37, VII, através do conjunto integrado dos arts. 1º ao 9º, 14, 15 e 17 da Lei n. 7.783//89, "com as alterações necessárias ao atendimento das peculiaridades da greve nos serviços públicos, que introduzo no art. 3º e seu parágrafo único, no art. 4º, no parágrafo único do art. 7º, no art. 9º e seu parágrafo único e no art. 14".

Vamos agora comentar este conjunto que se constitui dos arts. 1º, 2º, 3º (com modificação), 4º (com alteração), 5º, 6º, 7º (com alteração), 8º, 9º (com alteração), 10, 11, 12, 13, 14 (com alteração) e 17.

Note-se que estes artigos, originais e alterados, da Lei n. 7.783/89 passaram a constituir, depois da decisão do STF, a regulação do direito de greve do servidor público no Direito brasileiro.

Sobre eles se fará a seguir um breve comentário.

Também o Estado pode ter interesses egoísticos, quando se recusa a negociar ou paga mal a seus servidores ou quando recorre sem fundamento, protelando o recebimento de crédito alimentício, o que pode ser pior para a nação do que a "acumulação egoística" do empregador.

12.1. COMENTÁRIO AO ART. 1º

Art. 1º É assegurado o direito de greve, competindo aos trabalhadores decidir sobre a oportunidade de exercê-lo e sobre os interesses que devam por meio dele defender.

Parágrafo único. O direito de greve será exercido na forma estabelecida nesta Lei.

O art. 1º foi incluído no conjunto sem mudança de texto.

Nele se repete o que já estava na Constituição.

Pela extensão do texto e de acordo com a doutrina já vigorante para o setor privado, concedeu-se ao servidor público o direito de greve em sentido amplo.

O art. 37 da CF era de eficácia contida, porque submetia o exercício do direito de greve do servidor "nos termos e limites definidos em lei específica".

Portanto, havia, quanto ao direito de greve no serviço público, possibilidades de limitações, aliás enfatizadas no texto constitucional, quando fala em "termos e limites".

Não houve o acolhimento do direito de greve nos moldes do trabalhador comum, perante o qual a greve é assegurada sem restrição e com abertura de finalidade: aos trabalhadores cabe definir os interesses que por meio dele queiram defender.

"Lei específica" nunca foi editada para estabelecer os "termos" e "limites" do exercício. Agora, a lacuna foi preenchida pelo voto do STF.

Como o art. 1º foi recepcionado sem qualquer restrição, conclui-se que o servidor público, à semelhança do privado, pode exercer o direito de greve de modo amplo, cabendo-lhe decidir, não somente pela oportunidade de usá-lo, mas também pelos objetivos que, por ele, queira obter.

Houve aqui uma efetiva conquista do servidor. A greve é um direito instrumental. Serve de meio para a obtenção de outros direitos.(1) É uma ferramenta de conquistas de que se serve o trabalhador organizado em sindicatos.

A greve exerce uma função de equilíbrio no regime capitalista. O empregador já tem as vantagens do sistema, como possuidor dos meios de produção. Poderia impor unilateralmente, como nos tempos imediatamente posteriores à Revolução Industrial, as condições de trabalho.

Como seu objetivo é o lucro e a força-trabalho é uma mercadoria, o trabalhador estaria sem defesa numa luta desigual. Daí o nascimento da greve que teve origens na necessidade de defesa do trabalhador e, posteriormente, transformou-se num meio de ataque para conquistar direitos.

Sendo, para este fim, um instrumento de todos os que trabalham, não havia razão, lógica, histórica ou filosófica, de excluir de seu alcance o servidor público.

O Estado, oferecendo-lhe vantagens em troca da unilateralidade da fixação das condições de trabalho, não acompanhou suas necessidades através da História. Daí a tendência para a privatização, a exemplo do trabalhador comum, que, além dos benefícios que também recebe da lei, tem instrumentos para lutar, por iniciativa própria, por novos direitos.

Sendo livre para estabelecer o objeto da greve, pode o servidor exercê-la para fins profissionais e corporativos (melhoria das condições de trabalho) como para quaisquer outros fins, mesmo que não se relacionem diretamente com os profissionais: greve política, de solidariedade, de apoio, de pressão etc.

---

(1) SILVA, José Afonso da., *op. cit.*, p. 198.

A Convenção Européia dos Direitos do Homem estabeleceu, em seu art. 11:

"O exercício deste direito (e liberdade de reunião e de associação) só pode ser objeto de restrições que, sendo previstas na lei, constituírem disposições necessárias, numa sociedade democrática, para a segurança nacional, a segurança pública, a defesa da ordem e a prevenção do crime, a proteção da saúde ou da moral, ou a proteção dos direitos e das liberdades de terceiros..."(2)

Vê-se que o direito de greve tem restrições de ordem pública, que podem impedir seu exercício de modo generalizado.

Por isso, a greve em sentido amplo deve ser usada com parcimônia e a prática mostra que o trabalhador é moderado no uso deste lado da greve, que pode transformá-la em instrumento de política partidária ou corporativa, sujeitando-a a desgastes e esvaziamentos.

Além do mais, transformaria os sindicatos num grupo que teria poderes não concedidos às demais associações, o que poderia ser contestado em nome do princípio da igualdade. Ou então, incidindo em excesso, o que é muito comum nos movimentos políticos, poderiam os sindicatos sofrer restrições neste exercício e ser responsabilizados por abuso de direito.

De qualquer forma, a questão está colocada na lei. Cabe agora à vida decidir sobre os fatos. A lei é um pensamento ideal, que a realidade rejeita ou acolhe. Não basta que seja boa no papel. É preciso também que seja aprovada na prática. Empirismo e razão acompanham o homem em tudo que faz. Mas nem sempre estão juntos nos resultados.

Conclusão: os servidores públicos podem exercer o direito de greve para quaisquer fins, com os naturais limites do abuso do direito, dos princípios democráticos e do equilíbrio de forças que presidem o êxito do trabalho produtivo.

As restrições de lei específica estão superadas pela decisão do STF. O exercício é pleno, apenas com as restrições já apontadas.

12.2. COMENTÁRIO AO ART. 2º

Art. 2º Para os fins desta Lei, considera-se legítimo exercício do direito de greve a suspensão coletiva, temporária e pacífica, total ou parcial, de prestação pessoal de serviços a empregador.

Dentro da sistemática do acórdão, que concebe em qualquer hipótese a suspensão parcial da prestação de serviço, o adjetivo "total" foi suprimido, no corpo do acórdão, embora haja menção a modificações apenas do art. 3º em diante.

---

(2) Sobre a Convenção Européia dos Direitos do Homem, vejam-se os lúcidos comentários de BARRETO, Irene Cabral. *A CEDH anotada*. 3. ed. Coimbra: Coimbra Editora. 2005, p. 219.

Sob o aspecto do exercício da greve, a do servidor público se pratica da mesma forma da do setor privado: suspensão, coletiva, temporária, pacífica, total ou parcial.

A suspensão, embora parcial, não pode deixar de ser coletiva. Se não, o ato do servidor estará sujeito ao Direito Individual e não ao Direito Coletivo do Trabalho.

A suspensão é temporária, porque não existe greve definitiva.

É pacífica, porque não se admite violência, que seria duplamente danosa em movimentos coletivos.

12.3. COMENTÁRIO AO ART. 3º

> Art. 3º Frustrada a negociação ou verificada a impossibilidade de recursos via arbitral, é facultada a cessação coletiva do trabalho.
>
> Parágrafo único. A entidade patronal correspondente ou os empregadores diretamente interessados serão notificados, com antecedência mínima de 48 (quarenta e oito) horas, da paralisação.

A modificação consistiu no acréscimo do adjetivo "parcial" ao substantivo paralisação e no aumento do prazo de 48 para 72 horas.

A questão da paralisação parcial para todas as greves de serviço público já foi analisada e criticada anteriormente. Não precisamos repetir o que já foi escrito.

O aumento do prazo se deu em virtude da importância da ciência pela sociedade da falta do serviço público que não será fornecido durante a greve.

A grande inovação não está evidentemente no aumento do prazo, mas na recepção do artigo para reger as relações de trabalho do serviço público.

O artigo diz que "frustrada a negociação ou verificada a impossibilidade de recursos via arbitral...".

Isto significa que a negociação coletiva e a via arbitral são instrumentos legais, reconhecidos pelo STF, para compor e solucionar as controvérsias no serviço público, corrigindo-se assim uma histórica e pertinaz resistência contra estes institutos.

Depois da Segunda Guerra Mundial, notam *Franco-Montesinos*,[(3)] desencadeou-se um movimento universal de reconhecimento, embora com diferentes datas, dos direitos coletivos dos servidores públicos.

---

(3) FRANCO, Tomás Sala e MONTESINOS, Ignácio Albiol. *Compendio de derecho sindical*. Valencia: Tirant lo blanch, p. 213.

Este fato corresponde à tendência de democratização e diálogo nas decisões do Estado moderno com os grupos que vão suportá-las.

Nos parlamentos, os legisladores ouvem os grupos interessados. Há representações de servidores públicos nos órgãos de seu interesse como na previdência social, em secretarias de Estado que decidem sobre leis a eles pertinentes.

Nas empresas, foi instituída a co-gestão, participando o empregado na gestão do estabelecimento e da empresa. A sociedade inteira se organiza em grupos, cada qual exercendo influência na defesa de seus direitos ou de direitos coletivos de interesse geral.

A negociação coletiva, materializada na convenção coletiva, permite ao grupo legislar em seu próprio interesse. A edição de normas descentraliza-se dos parlamentos para a discrição dos próprios interessados, numa situação inédita e desconhecida até então: o grupo legislando para si mesmo, num novo tipo de controle social, em que o autor da norma é também seu objeto.

O Estado deixou de ser um impositor para ser um administrador de interesses vários que explodem a toda hora na vida social. Como assinala *George Burdaux*,

"(O Estado) é um Poder autêntico porque autônomo. Essa autonomia é necessária para que possa cumprir sua missão essencial que, nas sociedades evoluídas, faz dele o regulador da dialética entre a ordem e o movimento."(4)

E acrescenta que o Estado exerce "a gestão dos negócios da cidade".(5)

Neste ambiente de transparência e democratização, seria difícil, senão impossível, que o Estado continuasse ditando, de forma ortodoxa e unilateral, as leis.

Se o grupo é ouvido nas repartições políticas, por que não será por seu empregador, quando o servidor, organizado em sindicatos, reivindica melhorias e luta por condições mais favoráveis?

Por outro lado, a experiência do setor privado, pela qual os sindicatos negociam e estabelecem as regras em seu próprio interesse, contaminou o serviço público, que procurou seguir o mesmo caminho. Não quis mais esperar pelas supostas melhorias que o Estado unilateralmente prometeu oferecer-lhe.

Estas melhorias às vezes não vinham e, quando chegavam, já estavam atrasadas em relação às necessidades do servidor.

---

(4) BURDEAUX, George. *O Estado*. São Paulo: Martins Fontes. 2005, p. 90.
(5) *Idem, ibidem*. p. 91.

Dado o objetivo deste trabalho, vamos analisar apenas os argumentos geralmente apontados para o impedimento da negociação coletiva em nosso país.[6]

1 — Não previsibilidade da convenção coletiva.

A CF mandou aplicar aos servidores públicos 16 dos 34 incisos que fixou para os trabalhadores urbanos e rurais. Mas o inciso XXVI, que trata do reconhecimento da convenção e acordo coletivos, não foi mencionado.

Esta omissão significaria a vontade expressa do legislador constituinte de excluir a convenção coletiva do serviço público.

O raciocínio é um grande equívoco, que facilmente se constata quando as coisas são vistas com mais vagar e profundidade.

Realmente, a convenção coletiva do setor privado, tal como definida no art. 611, não se aplica ao setor público. Ali se fala em "dois ou mais sindicatos". Já a negociação com o Estado só existe um. Ali se mencionam categorias profissionais e econômicas. Aqui só existe a categoria profissional, já que o Estado não é categoria.

A representação dos sindicatos é variada. A do setor público é concentrada. A convenção coletiva privada tem objetivo amplo. Apenas a Constituição e os Direitos Humanos e as normas imperativas ficam ao resguardo do poder negocial. Os demais interesses podem ser todos postos em discussão.

A do serviço público é limitada. Não podem as partes mudar a estrutura da AP, nem criar cargos públicos. Limitam-se a salários e direitos imediatamente com eles conexos. Mas jamais poderão avançar nas reservas legais, freqüente na estrutura do Estado, que existe para servir ao povo e não a interesses corporativos e profissionais.

É claro que tal tipo de convenção coletiva seria impossível no setor público e a Constituição foi sábia em não mencioná-la.

Aqui, mais uma vez, são necessários ajustes e adaptações.

A negociação entre o Governo e grevistas, de diferentes setores da AP, é o que mais se vê entre nós. Servidores, ministérios e até pronunciamentos do presidente da República tentam a composição.

E não poderia ser de outra maneira. Se um sindicato do setor público anuncia greve, geralmente por melhoria de salários e, incidentemente, por melhores condições de trabalho, é claro que a composição só pode sair de um diálogo ou entendimento.

---

(6) Para uma análise detalhada do problema, ver ÁLVARES DA SILVA, Antônio. *Os servidores públicos e o direito do trabalho*, *cit.*, p. 91.

Não se conhece outro caminho pois, sendo a greve um direito constitucionalmente garantido, não pode o Governo suplantá-lo e impor unilateralmente sua vontade.

Mesmo que a questão vá parar na arbitragem ou na Justiça, ela não muda de natureza, pois o que a decisão judicial fará é suprir a negociação que as partes não foram capazes de fazer.

A negociação coletiva, embora informal, existe e dela dá notícia toda a imprensa nacional. Se o jurista fecha os olhos à realidade, ele trai a vida. E não se faz justiça com omissão de fatos ou dados irreais.

Então, o que se esperava da jurisprudência era exatamente que ajustasse a negociação coletiva, já evidente na realidade, ao setor público e isto era plenamente possível, como foi agora.

Pode-se dividir a negociação no setor público em matéria negociável e não negociável.(7) Não se vai, pela negociação coletiva no serviço, fazer a reforma administrativa nem se mudará a estrutura e a organização do Estado. Isto é tarefa do legislador, num consenso amplo, que só pode ser obtido no plano político.

Mas fazer previsões e ajustes orçamentários, criar comissões mistas de conciliação, envolvendo membros do Congresso Nacional e do Executivo, referendar por medida provisória a negociação coletiva, observados os limites do art. 62, § 1º, da CF, projetar parte do encargo a previsões orçamentárias futuras, negociar previamente a lei prevista no art. 37, X, bem como a revisão geral anual, constituem medidas plenamente factíveis que tornam concreta a negociação coletiva, sem maiores concessões da AP e com grande benefício para o Estado e a sociedade como um todo.(8)

Há um sem-número de modos pelos quais o Estado e os servidores podem compor seus interesses, se ambos estiverem de boa-fé.(9)

Todos já se cansaram de ver negociação coletiva no setor público, principalmente em matéria de salário, com os grevistas. Lembre-se do exemplo dos professores universitários que dialogam exaustivamente com o Ministério da Educação os termos do aumento.

---

(7) FRANCO/MONTESINOS, *op. cit.* p. 219.

(8) O problema orçamentário de repente desapareceu. Nele se reservaram 3,5 bilhões para ajustes do servidor público. Por que esta "reserva" não se fez anteriormente?

(9) Para arrecadar, o Estado brasileiro é engenhoso e eficaz. No imposto de renda, faz cruzamento de informações, confirma pagamento de profissionais, quando se apresentam recibos de serviços prestados. Pela CPMF fazia o levantamento do patrimônio da pessoa, pela emissão de cheques, nas declarações de renda, avaliava o crescimento do patrimônio de acordo com a renda. E assim por diante. Há ampla flexibilização para se atingirem propósitos arrecadatórios. Por que não fazer o mesmo com a

Se o fato existe, deve-se elevá-lo a categoria jurídica e, não, desconhecê-lo. Negar a realidade é a mais incompatível das atitudes que se pode praticar contra a Ciência do Direito, pois o Direito existe exatamente para regulá-la, dentro de um critério de Justiça.

2 — Competência privativa.

Pela CF, compete privativamente ao presidente da República a iniciativa de leis que disponham sobre a criação de cargos, funções ou empregos públicos na administração direta e autárquica ou aumento de sua remuneração — art. 61, § 1º, II.

Se há o princípio da reserva legal para o principal foco de negociação, o que sobrará para a área de atuação do sindicato dos servidores junto à administração?

O raciocínio à primeira vista impressiona. Mas na realidade não tem força de convencimento.

Exatamente com base na negociação coletiva, o Executivo, através do presidente da República, pode apresentar projeto de lei criando cargos e fixando remuneração. É o típico exemplo da "lei negociada", que cada vez mais toma impulso na sociedade contemporânea.

É comum no Congresso comissões internas convocarem juristas e especialistas para o debate de temas, antes de encaminhar projetos para votação. Este fato é o resultado da transparência e do alto poder de comunicação da sociedade contemporânea, que é participativa e presente através dos diferentes grupos que a compõem.

No caso do serviço público, a lei foi ainda mais profunda e exigiu expressamente a negociação, pois a cessação parcial da prestação de serviço público só será lícita esgotando-se o esforço conciliatório e tornada impossível a solução arbitral.

Nada impede que, negociando com os interessados, o Executivo apresente projeto de lei ou expeça até mesmo medida provisória, diante da urgência e relevância da situação, que consiste na ameaça ou na efetiva paralisação do serviço público.

---

negociação coletiva no serviço público? Na certa se encontrariam caminhos, desde que haja vontade de encontrá-las. Por isso é que o Judiciário deve ser rigoroso na cobrança dos débitos do Estado para com o cidadão. Exatamente na mesma proporção que o Estado é rigoroso para cobrá-los, quando é credor. Inventar prerrogativas para não pagar e ampliá-las ainda mais para cobrar não é atitude ética recomendável, pois a Justiça é antes de tudo um conceito que nasce das relações humanas, tornando-as adequadas e corretas para ambos os lados. O Estado arranja prerrogativas para não pagar, inventa prerrogativas para cobrar. Em ambos os casos se desiguala do cidadão, atribuindo-se vantagens que, se forem legais, jamais serão éticas.

Mas podemos levar à frente o raciocínio. É verdade que, em matéria de administração pública, a lei impera em razão do princípio da legalidade e segurança. Prevê-se lei para tudo: estatuto dos servidores, criação e remuneração de cargos, lei para fixação geral de vencimentos, índice de atualização etc. O bem comum e o interesse público têm como instrumento a lei.

Como já foi salientado, esta rigidez foi quebrada no mundo contemporâneo. A AP também se flexibilizou sob a influência do mundo atual. Teve de atualizar-se para também se servir do princípio da eficiência, já que administrar, em qualquer setor, é atingir um fim da maneira mais rápida e menos onerosa possível.

A cada dia a AP dota-se de meios modernos e métodos novos de administrar. A informática vai tomando conta de seus domínios. A velha e pesada máquina, que sempre andou a passos lentos e tardios, agora se renova, para enfrentar os desafios atuais.

O exemplo maior está no serviço público que sofreu grande transformação com a Constituição de 1988. Estendeu ao servidor os institutos da sindicalização e da greve. Deu um passo para a existência de um estatuto único para o trabalhador.

Quem dá o fim dá automaticamente os meios, pois não se atingem objetivos sem os instrumentos necessários.

Os sindicatos, como associações profissionais, existem para defender interesses daqueles que representa. É esta sua finalidade e seu papel na sociedade. A exemplo da greve, tem caráter instrumental. A própria greve emana de sua atuação. Se o sindicato não negocia, perde sua finalidade. Sua atuação se caracteriza exatamente pela liberdade e autonomia com que age na defesa dos que trabalham em situação de dependedência. "Die Lage der arbeitenden Menschen zu verbessern."(10) (Melhorar a situação dos que trabalham.)

Esta atividade se manifesta, como expressão jurídica, na declaração de vontade dos sindicatos, que é exatamente a negociação coletiva.

Negar este poder de negociação, implícito nos sindicatos, é admitir que a Constituição agisse sem objetivo. E interpretar a Constituição sem que se traga algum proveito para a realidade, da qual ela é a síntese jurídica maior, é o mesmo que lhe negar os fins. Como diz *Kaufmann*, se a hermenêutica não é apenas uma teoria da argumentação, ela sem dúvida a exige: "Hermeneutik ist nicht Argumentationstheorie, aber sie fordert sie".(11) E por que a hermenêutica pede a argumentação? Exatamente para que o texto interpretado tenha finalidade e sirva à vida.

---

(10) KÖPPING, Walter. *Die Gewerschaften*. Köln: Bund-Verlag. 1980, p. 21.
(11) KAUFMAN, Arthur. *Rechtsphilosophie*. München: C. H. Beck. 1997, p. 46.

É este o caso. Interpretar é antes de tudo tornar a lei útil para a vida.

Se há sindicato, ele tem de atuar. E, atuando, pode praticar negociação coletiva e greve. Se assim não for, perde sua finalidade.

E aqui chegamos ao ponto máximo do problema: se o servidor público pode sindicalizar-se mas não pode negociar, seu sindicato será apenas um mero enfeite que a Constituição colocou em seu texto, sem qualquer finalidade útil.

Temos de pensar no princípio da força normativa da Constituição, que consiste, dentre as interpretações possíveis, em escolher a que confira maior eficácia a suas normas, densificando preceitos que, sabidamente abertos, predispõem-se a interpretações expansivas.[12]

Dando-se, portanto, força normativa à Constituição e densificando o princípio da sindicalização do servidor público, conclui-se que a negociação coletiva é-lhe um atributo inerente e essencial, sem o que não pode ingressar no universo do Direito.

Se a Constituição não tivesse previsto expressamente a greve, como direito do servidor, ela também estaria implícita no direito de sindicalização.

Portanto, o princípio da unilateralidade e da reserva legal sofreu abalos segundo outro princípio constitucional, agora expressamente reconhecido: a negociação coletiva no serviço público.

O presidente da República continua com a competência de criar cargos e estabelecer a remuneração. Mas agora esta função poderá ser complementada e ampliada em negociação coletiva, quando tiver o mesmo objeto.

Entendemos que a remuneração de cargos públicos pode doravante ser estabelecida em negociação coletiva com o sindicato dos servidores públicos. E vamos além: até mesmo a criação de cargo público pode excepcionalmente ser obtida validamente em negociação coletiva, quando a reivindicação justificá-la como de interesse primordial do serviço público. Por exemplo, a criação de mais alguns cargos de médico do INSS, de policiais militares ou delegados, de instituições de ensino etc.

Neste caso, ou por via de projeto, para o qual se solicitará urgência para apreciação (CF, art. 64) ou medida provisória, estes cargos poderão ser constituídos. O Executivo não se desfez de sua competência nem feriu a Constituição. Apenas exerceu-a através da negociação coletiva, agora definitivamente reconhecida pelo STF.

---

(12) MENDES, Gilmar Ferreira; COELHO, Inocêncio Mártires; BRANCO, Paulo Gustavo Bonet, *op. cit.* p. 11.

Nada há de extraordinário nesta idéia que traduz apenas um complemento natural do poder negocial dos sindicatos e da AP, qual concordou com o objeto da negociação, dando-lhe, desta forma, validade e legitimidade.

Foi aliás isso que se deu no direito alemão. Os sindicatos e a greve não estão regulados em lei. Deduzem-se diretamente do art. 9º da Lei Fundamental.

O recurso à via arbitral foi outra grande conquista do servidor público, cujas controvérsias com a AP terão agora um meio rápido, sensato e eficiente de solução.

Em negociação coletiva, a arbitragem pode ser regulamentada de acordo com o interesse de ambas as partes e será empregada nas hipóteses aí previstas.

Deve-se evitar, a todo custo, a regulamentação da arbitragem por lei ou decreto, pois esta intervenção exógena do Estado pode retirar dela a flexibilidade e o poder de adaptação aos diferentes casos concretos de negociação.

A regulamentação por convenção coletiva comporá adequadamente o interesse de ambos os lados e evitará o acesso ao Judiciário. Há, sem dúvida, problemas delicados que só a vontade das partes poderá regulamentar com segurança e oportunidade. Por exemplo, a cláusula compromissória e o compromisso arbitral constarão permanentemente de todo conflito coletivo no serviço público? Qual a extensão da arbitragem? Decidirá sobre tudo ou ficarão certos temas, tais como criação de cargos, aumento de salários, garantias de emprego ou diminuição delas, em situações excepcionais?

A mão do legislador poderá pesar erradamente nestas delicadas questões. A autonomia privada coletiva é sem dúvida o melhor caminho para resolvê-las.

A Lei n. 9.307/96 valerá apenas como fonte indireta ou elemento analógico. Não deve incidir diretamente, pois a arbitragem trabalhista tem função bem diversa da arbitragem perante o direito comum.

A possibilidade de emprego da negociação e da arbitragem deve ser utilizada pelas partes de modo visível e de boa-fé. A cessação da prestação de trabalho pela greve se torna ilegítima, se estes requisitos não tiverem sido cumpridos.

A Justiça do Trabalho, em caso de dissídio, é competente para verificar se tais exigências foram cumpridas pelas partes e, mediante acordo entre ambas, pode transformar-se em árbitro do conflito, julgando o dissídio.

12.4. COMENTÁRIO AO ART. 4º

Art. 4º Caberá à entidade sindical correspondente convocar, na forma do seu estatuto, assembléia geral que definirá as reivindicações da categoria e deliberará sobre a paralisação coletiva da prestação de serviços.

§ 1º O estatuto da entidade sindical deverá prever as formalidades de convocação e o *quorum* para a deliberação, tanto da deflagração quanto da cessação da greve.

§ 2º Na falta de entidade sindical, a assembléia geral dos trabalhadores interessados deliberará para os fins previstos no *caput*, constituindo comissão de negociação.

Dá-se uma associação "quando pessoas coligam-se entre si, em caráter estável, sob uma direção comum, para fins lícitos".(13)

Pelo fato de as pessoas se associarem voluntariamente, toda associação presume liberdade na sua constituição e nos seus objetivos.

A CF não estabelece fins que a associação deve atingir. Isto é questão inerente a seus membros, dentro da autonomia que possuem para instituí-la. É-lhe inseparável, ao constituir-se, a autolimitação através de norma interna, os estatutos, sem interferência exterior, que seria lesiva à sua liberdade.

Toda coligação de pessoas, em caráter estável, para a obtenção de um fim, presume um ato interno organizatório. E a primeira liberdade da associação consiste exatamente em fazê-lo.

Por isso a lei de greve, sobrepondo-se à CLT, estabeleceu corretamente que compete à entidade sindical, na forma de seu estatuto, convocar a assembléia na qual haverá deliberação:

a) sobre as reivindicações da categoria; e

b) a paralisação parcial da prestação de serviços.

Geralmente, estes dois requisitos andam juntos, pois, quando o sindicato convoca a assembléia para a paralisação, é porque não obteve êxito na negociação.

Mas a própria assembléia pode dispor diferentemente, autorizando a paralisação em momento posterior e determinando o prosseguimento das negociações, por exemplo, com novas cláusulas ajustadas a discussões anteriores.

A lei de greve deu grande avanço em relação à CLT, no que tange às convenções coletivas, em que estabelece *quorum* de validade da assembléia — CLT, art. 612. Está clara a interferência do Estado na associação sindical. Por isso, este dispositivo não foi recepcionado pela CF de 1988.

Quorum de deliberação é ato típico *interna corporis* das associações.

O problema pode surgir na relação de trabalho com o Estado, quando o sindicato dos servidores pretender firmar convenção coletiva. Sendo livre o

---

(13) MENDES, Gilmar Ferreira; COELHO, Inocêncio Mártires; BRANCO, Paulo Gustavo Bonet, *op. cit.* p. 391.

sindicato, constituído necessariamente depois da Constituição de 1988, o *quorum* para as convenções coletivas e para a greve é o do estatuto, sem qualquer limitação.

O art. 4º fala em "definição das reivindicações". O acórdão não lhe opôs qualquer modificação. Isso prova que as reivindicações são ilimitadas e têm pertinência com todo e qualquer aspecto da relação de trabalho com o Estado, resguardos naturalmente o bom senso e as limitações que já enumeramos anteriormente.

Como a paralisação é parcial, o sindicato está obrigado a apresentar um plano de garantia da prestação mínima de serviço que, segundo a lógica do acórdão, deve sempre existir, ainda que em ritmo menor.

Problema difícil, que suscitará dificuldade na prática, será a fixação desta "parcialidade" na prestação de serviços e onde colocar a zona divisória entre o parcial e o insuficiente.

Aqui, mais do que nunca, as partes deverão entender-se pela negociação. Caso contrário, o Estado pode obter, judicialmente, na Justiça do Trabalho (art. 114, II, da CF), a fixação destas bases.

O § 2º do art. 4º pode suscitar problemas em face do art. 8º, VI, pelo qual é obrigatória a participação dos sindicatos nas negociações coletivas.

A comissão formada para a negociação não é sindicato. O empregador, ou seja, o Estado, também não. Teremos então um caso de negociação coletiva sem nenhum sindicato.

Se a categoria dos servidores se organizar na forma de um sindicato nacional, a hipótese fica excluída, porque sempre haverá sindicato, que poderá fazer-se representar na forma estatutária.

Se se entender que cada ramo ou setor do serviço público for um sindicato autônomo, a negociação se conduzirá com esta parcela do serviço público.(14)

Neste caso excepcional de comissões, há que se pensar no bem maior da negociação coletiva e não na ausência dos sindicatos. Do lado do Estado, ele seria impossível e, da parte dos empregados, a comissão de negociação a ele analogicamente se equipara.

Até que a categoria dos servidores se organize, da forma que entender mais adequada, é possível que muitas categorias façam greve sem ser organizadas em sindicato. Neste caso, a comissão atuará.

---

(14) Aqui também surgirão problemas vários, em virtude da fragmentação da negociação coletiva. Cada ramo ou setor do serviço público constituirá uma unidade de negociação e terá situação própria quanto a salários e condições de trabalho? Isto será viável, considerando-se a AP como um todo?

12.5. COMENTÁRIO AO ART. 5º

Art. 5º A entidade sindical ou comissão especialmente eleita representará os interesses dos trabalhadores nas negociações ou na Justiça do Trabalho.

O artigo usa o termo "representação", mas o certo seria "substituição", pois, em sede de dissídio coletivo, os sindicatos agem como substitutos e não como representantes da categoria.

Os sindicatos ou a comissão, na falta deste, substituirá os interesses do trabalhador nas negociações *ou na Justiça do Trabalho.*

Isto significa que foi dado expressamente, sem sombra de qualquer dúvida, competência à Justiça do Trabalho para decidir as questões da greve dos servidores.

12.6. COMENTÁRIO AO ART. 6º

Art. 6º São assegurados aos grevistas, dentre outros direitos:

I — o emprego de meios pacíficos tendentes a persuadir ou aliciar os trabalhadores a aderirem à greve;

II — a arrecadação de fundos e a livre divulgação do movimento.

§ 1º Em nenhuma hipótese, os meios adotados por empregados e empregadores poderão violar ou constranger os direitos e garantias fundamentais de outrem.

§ 2º É vedado às empresas adotar meios para constranger o empregado ao comparecimento ao trabalho, bem como capazes de frustrar a divulgação do movimento.

§ 3º As manifestações e atos de persuasão utilizados pelos grevistas não poderão impedir o acesso ao trabalho nem causar ameaça ou dano à propriedade ou pessoa.

Este artigo, mesmo quando aplicado às relações privadas, não tem grande significado jurídico. Dispõe sobre o óbvio. Nos países em que não há regulamentação do direito de greve, estas regras foram deduzidas na jurisprudência e são fruto do bom senso.

Sobre a aplicação do dispositivo ao servidor público, o que se tem de observar é a possibilidade de uma série de controvérsias, que podem ser levadas aos tribunais do trabalho.

A conceituação de "meios pacíficos" importa na delimitação de uma zona difícil, já que pacificidade pode degenerar em violência. A divulgação do movimento há que ser feita sem agressões verbais ou indisciplina. O constrangimento a direitos e garantias pode ocorrer e ter conseqüências.

Estes são apenas alguns exemplos que, no cotidiano de uma greve, podem ser exacerbados, pois a "empresa" é o Estado que vai atuar como parte e como poder político. E a representação destes dois papéis, sem interferência de um no outro, não é fácil.

Pode haver, por parte dos grevistas, convencimento, mas não constrangimento, que, dependendo da intensidade, pode configurar crime — art. 146 do CP — que a Justiça do Trabalho julgará.

Ainda que a competência penal da Justiça do Trabalho tenha sido rejeitada pelo STF em recente decisão, através da ADIn 3684, proposta pelo procurador-geral da República, não há dúvida de que, provindo o crime do exercício do direito de greve, esta competência existe por força da Constituição.

Ao dizer, no art. 114, que compete à Justiça do Trabalho processar e julgar "as ações que envolvem o direito de greve", a competência ficou clara por força do explícito mandamento constitucional.

O relator, Min. *Cezar Peluso*, admitiu, juntamente com outros ministros, que a Justiça do Trabalho pode ter competência penal, mas é preciso que haja lei que a autorize. Isto está na gravação da sessão, já que o acórdão ainda não foi publicado.

Ora, se o problema é este, a competência existe, quando se trata do direito de greve. O requisito foi atendido, não por força de lei. Mais ainda: por força da própria Constituição.

O art. 15 diz que "responsabilidade pelos atos praticados, ilícitos ou crimes cometidos, no curso da greve, será apurada, conforme o caso, segundo a legislação trabalhista, civil ou penal".

Isto significa que os ilícitos ou *crimes* (grifamos) serão apurados, conforme o caso, segundo a legislação trabalhista, civil ou *penal* (grifamos novamente).

Portanto, para os ilícitos e crimes, há três ações possíveis que serão propostas com fundamento na lei trabalhista, civil e penal. E, de quem é a competência para julgá-los? A Constituição responde: as ações que envolvam o exercício do direito de greve competem à Justiça do Trabalho, mesmo que tenham origem na legislação penal. Também as ações civis, que se originem no Código Civil ou legislação complementar e, naturalmente, as trabalhistas, provenientes da legislação do trabalho.

Portanto, a competência penal proveniente do exercício do direito de greve é da Justiça do Trabalho e não está excluída da decisão do STF que não teve como fundamento este aspecto da competência. Nem poderia tê-lo, a não ser que se julgasse inconstitucional a própria Constituição.

Em todos estes casos, a competência da Justiça do Trabalho é inquestionável por força do art. 114, II, da CF.

12.7. COMENTÁRIO AO ART. 7º

Art. 7º Observadas as condições previstas nesta Lei, a participação em greve suspende o contrato de trabalho, devendo as relações obrigacionais durante o período ser regidas pelo acordo, convenção, laudo arbitral ou decisão da Justiça do Trabalho.

Parágrafo único. É vedada a rescisão de contrato de trabalho durante a greve, bem como a contratação de trabalhadores substitutos, exceto na ocorrência das hipóteses previstas no art. 14.

Este artigo foi recepcionado quase em sua redação originária. O que mudou foi apenas, no parágrafo único, a omissão da referência ao art. 9º da Lei n. 7.783/89, persistindo a referência ao art. 14, com nova redação, conforme se verá.

O art. 9º trata de trabalho prestado em proveito da empresa por ocasião de greve. O acórdão achou-o desnecessário por causa da redação ampla, dada ao art. 14, em que se cominou de abuso do direito de greve o comprometimento da regular continuidade da prestação do serviço público, mais abrangente e mais conforme com a AP.

Dentro da lógica adotada pelo acórdão, ao verbo "suspende" deveria ter sido aposto o advérbio parcialmente, pois a continuidade do serviço público foi a tônica da fundamentação.

A recepção do art. 7º trouxe profundas modificações ao exercício do direito de greve do servidor público.

A suspensão, ainda que parcial do contrato de trabalho, obriga doravante à imediata sustação do pagamento dos salários dos grevistas. Os que trabalharem para garantir a prestação parcial da prestação naturalmente receberão proporcionalmente ao tempo trabalhado.

Este cálculo será sem dúvida um elemento complicador para a autoridade pública representante do Estado. Também aqui esta "parcialidade" da prestação vai ser muito difícil de ser calculada e de ser prestada.

A prática e a vida é que vão dizer como funcionará.

O fato é que, a partir de agora, o servidor público não mais fará greve recebendo salário. Esta era uma incoerência e um absurdo que precisavam de fato ser sanados.

A greve até então praticada era inédita e ilógica. Transferia-se totalmente para a sociedade os ônus da paralisação e o servidor a praticava sem nenhum risco ou conseqüência. Esta incoerência agora acabou.

A lei é clara e determina a suspensão. A autoridade pública que não a cumprir incorrerá em crime de responsabilidade e pode ser responsabilizada pelo pagamento irregular que for feito.

Eis aqui mais dois tipos de ação proveniente do direito de greve, que são inevitavelmente da Justiça do Trabalho.

O servidor não terá mais o privilégio de fazer greve sem ônus e sem risco. Agora se assemelhou ao trabalhador privado. Vai ter de aprender a negociar e a exercer novas estratégias. Terá de balancear o exercício da greve com os riscos e problemas que ela cria. Haverá agora mais responsabilidade e profissionalismo de sua parte.

Mas, que fique claro. Estas restrições não são discriminações, mas conseqüências legais a que estão sujeitos todos os trabalhadores, inclusive o servidor público, como é natural.

Como ficará o salário dos dias parados? O artigo aponta o caminho: acordo, convenção, laudo arbitral ou decisão na Justiça do Trabalho.

Esta grande novidade não pode passar despercebida: a convenção coletiva, antes implícita, agora passou a ser expressamente reconhecida em relação ao serviço público.

Cai assim mais um velho mito que mostra novos caminhos para o serviço público, aproximando-o ainda mais do trabalho privado.

A convenção coletiva entre o Estado e o sindicato dos servidores públicos será feita com os cuidados já apontados no curso deste livro. Mas agora não há mais argumento para rejeitá-la diante da recepção do artigo feita em decisão do próprio STF.

Este grande avanço mostra o que já era óbvio mas que se teimava em não aceitar: quem pode sindicalizar e fazer greve pode também negociar.

A greve não existe para o exercício da violência. Sua finalidade não é pôr o trabalhador na rua para incendiar carros e enfrentar a polícia. Ela sempre teve uma finalidade: obter pela pressão melhores condições de trabalho, que jamais se fará sem diálogo e compreensão das partes interessadas.

Não há sindicato, em nenhum lugar do mundo, cuja finalidade não seja a negociação. Pode até prestar assistência social. Mas se trata de atividade paralela. A principal é promover o contato com a parte contrária, mesmo que seja sob a pressão da greve, a fim de promover a negociação coletiva.

Se o servidor público podia sindicalizar-se e praticar a greve, como negar-lhe a conseqüência maior destes dois institutos – o poder de negociação? Como se podia entender esta lógica de cabeça para baixo do Direito do Trabalho brasileiro?

O que se mantinha atrás desta concepção era o mito do Estado unilateral, absolutista e autoritário. Agora, este mesmo Estado vai ter de descer de seu pedestal e negociar com os servidores, enfrentar as greves com o diálogo e não com a polícia, admitir que pode estabelecer melhoria de salário sem lei que o autorize.

Enfim, vai aprender a ser flexível e inteligente. E vai também perceber que a melhor maneira de defender o patrimônio público não é a intransigência, não é recorrer em todas as ações e empurrar obrigações, mas sim ter um atitude negocial inteligente que mate ações no nascedouro, principalmente com seus servidores, tornando-se um meio de paz social e não de demandas e insatisfações.

A conciliação inteligente e oportuna, não só com os servidores mas com todo e qualquer cidadão, vai demonstrar ao Estado que este é o meio mais barato de compor interesses, pois dispensa o uso da burocracia e não transforma em bola de neve pequenos créditos que, se solvidos no nascedouro, trariam grande benefício ao réu, porque receberia o devido, e ao Estado, porque ficaria livre de débito que mais tarde será pago ou em dobro ou em triplo.

Esta nova era já está chegando.

Além do laudo arbitral, o artigo fala em "decisão da justiça do trabalho"? A resposta só pode ser esta: o dissídio coletivo.

O art. 114 deu competência à Justiça do Trabalho para decidir "as ações que envolvam exercício do direito de greve". Esta competência, genérica e irrestrita, correspode à natureza das coisas.

Se à Justiça do Trabalho compete julgar "as ações oriundas da relação de trabalho" (assim soa a límpida competência do art. 114, I,), mais nada precisaria dizer a Constituição, pois a relação de trabalho pode ser individual, coletiva, associativa, pública, penal e processual. Toda esta imensa gama de competência deságua na Justiça do Trabalho.

A Lei n. 7.783/89 reforça, em várias passagens, esta competência. Menciona a Justiça do Trabalho quatro vezes. Uma delas, no art.7º, que só se comenta, para dizer que as relações obrigacionais, durante o período da suspensão do contrato de trabalho, se regerão por acordo, convenção, laudo arbitral *ou decisão da Justiça do Trabalho.*

Quais são estas relações obrigacionais? Evidentemente são aquelas que ligam, obrigam e vinculam o servidor à AP. E por que meios jurídicos se estabelece este vínculo? A resposta é óbvia: basicamente pelo Estatuto dos Servidores Públicos Civis — Lei n. 8.112/90.

Portanto, se for necessário à Justiça do Trabalho decidir um conflito do servidor com o Estado, proveniente do direito de greve e com base na Lei n. 8.112/90, não há dúvida sobre sua competência. Quem o diz é a Constituição.

Abre-se assim à Justiça do Trabalho um amplo leque de competências, pouco importando que pertençam a outros ramos da Ciência do Direito. Se tiverem origem na greve, a competência será da Justiça do Trabalho.

Este fato nada tem de excepcional. As relações jurídicas se superpõem. O exemplo típico está nas relações de consumo. O art. 1º da Lei n. 8.078/90 diz que "Consumidor é toda pessoa física ou jurídica que adquire ou utiliza produto ou serviço como destinatário final".

Como adquiriu o produto e por quais relações jurídicas ele foi produzido, isto não interessa ao Código de Defesa do Cosumidor (CDC). O que ele objetiva é o enfoque da pessoa, física ou jurídica, que adquiriu ou utilizou o bem como destinatário final.

Os fatos sociais têm significados diversos conforme sejam "juridicizados" por regras jurídicas diferentes. *Pontes de Miranda* disse a respeito:

> "O mesmo fato ou complexo de fatos pode ser suporte fáctico de mais de uma regra jurídica. Então, as regras jurídicas incidem e fazem-no fato jurídico de cada uma delas, com a sua respectiva irradiação de eficácia. No mundo jurídico, ele é múltiplo; entrou, ou reentrou por várias aberturas, levado por diferentes regras jurídicas, sem deixar de ser, fora desse mundo, ou nele mesmo, inicialmente, um só."[15]

É exatamente o que se deu com a nova competência trabalhista, que reuniu na jurisdição trabalhista fatos de diferentes naturezas, já objeto de outras relações jurídicas, desde que tenham origem no trabalho.[16]

O objetivo do legislador foi claro. Submeteu à Justiça do Trabalho os diferentes fatos sociais que provêm do trabalho exatamente para sistematizar sua aplicação na jurisdição que se criou para julgá-los.

Se a Constituição brasileira fundou uma Justiça do Trabalho para julgar as ações provenientes das relações de trabalho, está claro seu objetivo unificador e abrangente.

O constituinte foi prático e objetivo. Do mesmo modo que toda relação de consumo sujeita-se à competência do CDC, independente das relações jurídicas anteriores em que se envolveu, também as relações de trabalho são da competência da Justiça do Trabalho, independente do ramo em que se produziram.

Depois de suspenso em razão da greve, o contrato de trabalho cede lugar a relações obrigacionais de diferente natureza entre os grevistas, conforme está expressamente reconhecido no art. 15 da Lei n. 7.783/89. Todas elas têm, inevitavelmente, origem nas relações de trabalho. Logo as ações que delas provierem serão julgadas pela Justiça do Trabalho.

---

(15) MIRANDA, Pontes de. *Tratado de direito privado*. 3. ed. Rio de Janeiro: Borsoi. 1970, t. I, p. 27.

(16) Para detalhes do conceito "ações oriundas da relação de trabalho" ver ÁLVARES DA SILVA, Antônio. *Pequeno tratado da nova competência trabalhista*. São Paulo: LTr. 2005, p. 91 e ss.

Normalmente, a decisão a que se refere o art. 7º teria como objeto o dissídio coletivo. E este voltou a ser plenamente possível no serviço público, como se verá. Mas, se a questão envolver direito ou interpretação de direito previsto no Estatuto do Servidor Público — Lei n. 8112/90 —, a Justiça do Trabalho, por força e mandamento da Constituição, a julgará, porque proveio da relação de trabalho do servidor com o Estado.

O parágrafo único do art. 7º, com a redação dada pelo acórdão do MI, diz: "É vedada a rescisão de contrato de trabalho durante a greve, exceto na ocorrência da hipótese prevista no art. 14".

O art. 14, também com nova redação pelo acórdão do MI, fala especificamente em "comprometimento da regular continuidade na prestação de serviço público, bem como a manutenção da paralisação após a celebração de acordo, convenção ou decisão da Justiça do Trabalho, bem como a manutenção da paralisação depois de acordo, convenção ou decisão da Justiça do Trabalho".

Portanto, os dois artigos, devidamente conjugados, vedam em princípio a rescisão do contrato de trabalho, salvo em caso de comprometimento da regular prestação de serviço público ou em caso de prosseguimento da ação grevista, depois de composto o conflito pelas formas indicadas na lei.

Acontece que o servidor público concursado adquire estabilidade após três anos e só pode ser dispensado mediante sentença judicial (a arbitral, neste caso não é possível) ou através de processo administrativo disciplinar, no qual lhe seja assegurada ampla defesa.[17]

Aqui surge uma série complexa de problemas jurídicos.

O art. 7º fala que "é vedada a rescisão do contrato de trabalho durante a greve, exceto...". Logo, por exceção, pode haver dispensa. Mas pergunta-se: a "rescisão durante a greve", em se tratando de servidor público, é uma situação especial que permite sua dispensa sem sentença judicial ou inquérito administrativo? Eis a questão.

Se o Estado dispensa o servidor durante a greve, sem inquérito administrativo e sem sentença, não houve defesa prévia. Mas como agir se o servidor comete falta grave, compromete a prestação do serviço público, pratica violência e transgride a lei de greve? A *salus populi et civitatis*, o bem-estar do povo e do Estado, também constitui princípios inerentes à administração em caso de greve, que é uma situação excepcional.

---

(17) Art. 21. O servidor habilitado em concurso público e empossado em cargo de provimento efetivo adquirirá estabilidade no serviço público ao completar 2 (dois) anos de efetivo exercício. (Prazo de três anos — *vide* EC n. 19/98). Art. 22. O servidor estável só perderá o cargo em virtude de sentença judicial transitada em julgado ou de processo administrativo disciplinar no qual lhe seja assegurada ampla defesa. Lei n. 8.112/90.

Com base no interesse público, a dispensa poderia ser perpetrada. Mas, sobre ela, deverá pronunciar-se a Justiça do Trabalho em sentença final, ouvindo-se o servidor dispensado e garantindo-se-lhe o direito de defesa plena. Assim se superaria o inquérito administrativo, até mesmo com mais segurança, pois a sentença judicial, proferida por juiz, depois de cuidadosa instrução, é mais segura e apropriada ao caso concreto.

Esta solução seria mais lógica do que o servidor pleitear em outra ação distinta sua reintegração no serviço público. Haveria, na certa, atraso e retardamento na prestação jurisdicional. Se a questão é decidida no mesmo processo, em que os fatos motivadores da dispensa estão documentados, há facilidade de compreensão da matéria de fato, dada a proximidade dos juízes com os fatos.

Seja qual for a direção a ser tomada pela jurisprudência, uma coisa é certa: a competência para julgar esta ação será inegavelmente da Justiça do Trabalho, porque sua origem está no exercício do direito de greve.

12.8. COMENTÁRIO AO ART. 8º

> Art. 8º A Justiça do Trabalho, por iniciativa de qualquer das partes ou do Ministério Público do Trabalho, decidirá sobre a procedência, total ou parcial, ou improcedência das reivindicações, cumprindo ao Tribunal publicar, de imediato, o competente acórdão.

Este artigo deverá ter duas adaptações: a primeira, em relação à finalidade, pois se aplicará ao servidor público. A segunda, em relação ao art. 114, com a redação modificada pela EC n. 45/04.

A primeira questão consiste em saber se, ao servidor público, se tornou permitido o ajuizamento de dissídio coletivo, depois da EC n. 45/04 e a decisão do STF no MI-712-B.

Não temos dúvida a respeito.

O assunto é velho no Direito do Trabalho brasileiro. A anterior redação do art. 240 da Lei n. 8.112/90 dizia:

> Art. 240. Ao servidor público civil é assegurado, nos termos da Constituição Federal, o direito à livre associação sindical e os seguintes direitos, entre outros, dela decorrentes:
>
> (...)
>
> *d)* de negociação coletiva;
>
> *e)* de ajuizamento, individual e coletivo frente à Justiça do Trabalho, nos termos da Constituição Federal.

O inteligente legislador de 1990, portanto de 18 anos atrás, já antevira que o mundo mudara e, adentrando a modernidade, atribui ao servidor público o óbvio: a negociação coletiva, que de fato já existia e existiu sempre, bem como o direito de propor dissídios individuais e coletivos na Justiça do Trabalho.

Vetado o artigo pelo presidente da República, o Congresso rejeitou o veto, insistindo no direito dos servidores públicos à negociação coletiva e ao ajuizamento individual e coletivo perante a Justiça do Trabalho.

O artigo foi julgado inconstitucional pelo STF e por fim excluído do Estatuto dos Servidores Públicos pela Lei n. 9.527/97.

Como a Constituição de 1988 dera, como competência da Justiça do Trabalho, a solução de conflitos entre trabalhadores e empregadores, escrevemos nos idos de 1993:

> "A vontade do legislador constituinte ficou evidenciada na redação do texto do art. 114 e pode ser demonstrada por dois ângulos diferentes. O primeiro deles diz respeito à assimilação do dissídio servidor x entes de direito público interno ao dissídio empregados x trabalhadores. O dissídio básico que constitui objeto da Justiça do Trabalho, no plano individual e coletivo, é o que se verifica entre empregador e trabalhador que compreende: a) o trabalhador com vínculo empregatício,(18) ou seja, o empregado x empregador; b) o trabalhador sem vínculo empregatício, ou seja, toda e qualquer categoria não compreendida na de empregado,(19) desde que haja prestação pessoal de trabalho. Foi assim ampliada a competência da Justiça do Trabalho que agora se transformou numa justiça realmente do trabalho, prestado pessoalmente em condições de subordinação (empregado) ou de autonomia (trabalhador). Neste último caso, não importa a forma jurídica pela qual o trabalho se manifeste — se através de um contrato de direito civil ou comercial ou de qualquer outro(20) — pois a intenção foi proteger o trabalho e o trabalhador que o presta. A esta imensa gama de prestação de trabalho, a Constituição assimilou, além dos entes de Direito Público externo, os da Administração Pública direta e indireta da União, Estados, Municípios e Distrito Federal. Esta assimilação pode ser facilmente percebida pelo emprego do verbo 'abranger': 'abrangidos os entes ...', etc., que significa 'cingir, abraçar, abarcar'(21) onde a idéia de envolvimento ou extensão fica claramente perceptível."(22)

---

(18) Para usar da nomenclatura empregada pela própria Constituição no art. 7º, XXXIV.

(19) Art. 3º da CLT.

(20) Por exemplo, as diferentes formas de prestação de serviço autônomo, o mandato, a gestão de negócios, as parcerias, a representação comercial enfim, qualquer forma de contrato cuja prestação se realize por trato sucessivo ou execução continuada, desde que prestada pessoalmente. Todas as controvérsias destes tipos de contrato onde há trabalho autônomo caem hoje induvidosamente sob a competência da Justiça do Trabalho.

(21) FERREIRA, Aurélio Buarque de Holanda. *Novo dicionário da língua portuguesa*. 2. ed. Rio de Janeiro: Nova Fronteira, 1986, p. 13.

(22) ÁLVARES DA SILVA, Antônio. *Os servidores públicos e o Direito do Trabalho*, *cit.* p. 138.

O STF, num julgamento de bases científicas duvidosas, derrubou a vontade do legislador que, firme em seu propósito, rejeitara o veto do presidente da República, deixando claro seu desejo de tornar a Justiça do Trabalho competente para as causas do servidor público, no plano individual e coletivo.

Agora, com a recepção do art. 8º pelo acórdão do STF, a questão ressurge, pois, por ele, compete à JT decidir sobre a procedência, total ou parcial, ou improcedência das reivindicações.

Mas, para que a JT tome conhecimento das reivindicações, é necessário que as partes (ou seja, o sindicato dos servidores e o Estado) se coloquem de comum acordo para o ajuizamento do dissídio coletivo.

Satisfeita a exigência constitucional, é límpida e transparente a competência da Justiça do Trabalho.

Cumpre ainda acrescentar que hoje o dissídio coletivo, proposto mediante acordo, transforma o tribunal num órgão mais arbitral do que jurídico, pois o julgamento se limitará ao que as partes tiverem acordado para colocar em julgamento. Portanto, terão os juízes mais flexibilidade e maior campo de ação, exatamente o que é necessário para compor litígios no serviço público.

Como o tribunal é acionado por acordo, evidentemente não cabe recurso da decisão, até mesmo por questão de coerência. Se as partes se entendem, por livre convencimento, que o julgamento se faça mediante combinação entre elas, não tem sentido que ambas ou uma delas não aceitem a decisão, que ela ou elas mesmas procuraram livremente.

Se não houver dissídio coletivo, a Justiça do Trabalho é competente para decidir toda e qualquer questão que nasça do direito de greve do servidor público, inclusive liminares e cautelares.

O art. 8º fala em iniciativa das partes e do Ministério Público. Portanto, ao MP do Trabalho está agora confiada uma nova e grande missão: a de requerer na Justiça do Trabalho em caso de greve do servidor público. Prestará assim mais um serviço entre os muitos que já vem prestando à sociedade brasileira.

Naturalmente, a intervenção do MP não será para julgar o dissídio, porque não lhe cabe requerer em nome do sindicato dos servidores. Sua atuação se limitará às medidas necessárias que surjam no curso da greve.[23]

12.9. COMENTÁRIO AO ART. 9º

Art. 9º Durante a greve, o sindicato ou a comissão de negociação, mediante acordo com a entidade patronal ou diretamente com o empregador, manterá em atividade

(23) Sobre esta intervenção do MP, ver ÁLVARES DA SILVA, Antônio. *Pequeno tratado... cit.*, p. 326.

equipes de empregados com o propósito de assegurar a regular continuidade da prestação do serviço público.

Parágrafo único. É assegurado ao empregador, enquanto perdurar a greve, o direito de contratar diretamente os serviços necessários a que se refere este artigo.

O sindicato dos servidores, responsável pela declaração da greve, ficará com a obrigação de entrar em acordo com o Estado, através do setor em greve, para garantir a continuidade do serviço público.

Aqui, voltamos novamente a chamar atenção sobre o grande complicador da greve no serviço público, que será a determinação da "regular continuidade da prestação do serviço público".

Para a fixação deste acordo, as partes poderão contar com o auxílio do MP e será necessário um justo equilíbrio nem sempre fácil de se obter:

a) de um lado, a necessidade pública da continuidade do serviço;

b) de outro, os efeitos da greve.

Se o serviço público continuar a ser prestado em nível suficiente, a greve não surtirá efeito.

Esta contradição, que consiste no prejuízo que a sociedade tem de assimilar com o exercício do direito de greve, pelo servidor público ou pelo trabalhador, é uma das contradições do regime democrático, mas que existem para o bem e o equilíbrio dele próprio.

Se assim não fosse, quem zelaria pelo direito de quem trabalha, quando estivesse em necessidade? A maioria das conquistas do trabalhador, público ou privado, é fruto de diálogo, negociação e greve. A própria sindicalização e a greve foram uma vitória do trabalhador na Constituição de 1988, graças a pressões de sindicatos e líderes classistas.

Ao longo da história, greves sangrentas e lutas abertas trouxeram benefícios concretos ao trabalhador, principalmente no período em que a greve era punida como delito ou apenas tolerada. Só mesmo pela força pôde ele agir, praticando o que *Eric. J. Robsbawn* chamou expressivamente de "negociação coletiva através da arruaça".(24)

Até que a "arruaça" se institucionalizasse e se tornasse direito dos trabalhadores, houve um amplo período de luta de pelo menos dois séculos. Basta

---

(24) ROBSBAWN, Eric. *Os trabalhadores* — estudos sobre a história do operariado. Rio de Janeiro: Paz e Terra. 1981, p. 17.

lembrar que, ainda hoje, em muitos países do mundo, inclusive na Alemanha, não se reconhece o direito de greve do servidor. Ou, se reconhecido, só pode ser praticado com restrições. Em outros, como no Brasil, foi reconhecido mas não foi regulamentado. Só agora, através do MI 712-8, é que seu exercício se tornou pleno.

Por isso, a tolerância do legislador com o prejuízo social que uma greve pública ou privada pode ocasionar nada mais é do que um mecanismo de compensação pela carência de direitos do lado do trabalhador, que tem nela um meio de conquista social.

Se não se abrem os canais competentes, os necessitados vão para as ruas e, através da arruaça, praticam a negociação coletiva. É muito mais racional editar a lei e canalizar os fatos, dentro de limites de racionalidade e justiça. Aliás é esta a missão do Direito em todos os tempos e em todas as épocas.

Como lembra *Arthur Kaufmann,* citando *Radbruch*, "Rechtsqualität nur Normen haben, die auf Gerechtigkeit bezogen, die an ihr orientiert sind". (Só têm qualidade (condição jurídica) as normas que se relacionam com a Justiça e por ela são orientadas.)(25)

Se, pelo Direito nem sempre os valores da Justiça são concretizados, pelo menos se obtém ordem social, quando falha a Justiça. Mas esta "perda" é inerente à sociedade humana e não apenas ao Direito. Não há, nem nunca houve, período histórico ou povo que concretizasse todos os valores humanos.

A história vivida é a história dos homens. A História ideal é a dos valores. Deste encontro, em algum ponto do tempo, há a concretude da vida que nós vivemos num dado momento de nossa existência. A História sempre será a realização parcial dos valores humanos, mas os homens nunca deixarão de se orientar por eles.

Não havendo acordo, cumpre a qualquer das partes ou ao MP requerer a fixação da regular continuidade da prestação do serviço público através da Justiça do Trabalho. Para este fim, segundo o parágrafo único do art. 9º, o empregador pode contratar os serviços necessários.

Como será a contratação destes serviços?

É bem provável que aqui se aplique o art. 37, IX, da CF: "A lei estabelecerá os casos de contratação por tempo determinado para atender a necessidade temporária de excepcional interesse público".

Manter a continuidade do serviço público é de excepcional interesse público, sem dúvida. Contudo, o dispositivo não foi regulamentado e a jurisprudência terá de criar.

---

(25) KAUFMANN, Arthur. *Rechtsphilosophie*. München: C. H. Beck. 1997, p. 43.

A AP ficará com este direito de contratar agentes para garantir a continuidade dos serviços paralisados. A natureza do vínculo poderá ser administrativa, firmando-se um contrato desta natureza com o trabalhador. Aqui não se está admitindo trabalhador através de contrato administrativo, mas sim provendo uma necessidade pública e urgente, que exige da AP pronta resposta.

Também a existência de um contrato de trabalho por prazo determinado é plenamente possível, dada a excepcionalidade da situação.

Qualquer disputa a respeito, quanto ao acerto da contratação, será resolvido na Justiça do Trabalho.

12.10. COMENTÁRIO AO ART. 14

Constitui abuso do direito de greve a inobservância das normas contidas na presente Lei, em especial o comprometimento da regular continuidade da prestação de serviço público, bem como a manutenção da paralisação após a celebração de acordo, convenção ou decisão da Justiça do Trabalho.

Parágrafo único. Na vigência de acordo, convenção ou sentença normativa não constitui abuso do exercício do direito de greve a paralisação que:

I — tenha por objetivo exigir o cumprimento de cláusula ou condição;

II — seja motivada pela superveniência de fato novo ou acontecimento imprevisto que modifique substancialmente a relação de trabalho.

O abusus da greve no serviço público consistirá na violação dos artigos recepcionados no acórdão, ou seja, 1º-9º, 14, 15, 17.

A nova redação chama a atenção, mais uma vez, para a regular observância da continuidade da prestação de serviço público que, na Justiça do Trabalho, deverá também merecer especial atenção.

A situação anterior ao MI 712-8, em que servidores de certos departamentos do serviço público faziam greve, deixavam de trabalhar em setores fundamentais e assinavam o ponto, está definitivamente encerrada.

A declaração de greve trará responsabilidade direta ao servidor e não apenas à sociedade, como era antes.

A intervenção de um sindicato será necessária, em obediência ao art. 8º, VI, da CF, c/c art. 4º da Lei n. 7.783/89. Caso não haja sindicato, a comissão de negociação — art. 4º, § 2º, da Lei n. 7.783/89 — será obrigatoriamente constituída e lhe fará as vezes.

Acarretando a greve a suspensão do contrato de trabalho, suspender-se-á também, imediatamente, o pagamento de salários.

O pagamento ou não dos dias parados dependerá de decisão da Justiça do Trabalho, que levará em conta a legalidade da greve, a justiça, a possibilidade e a razoabilidade das reivindicações e ainda se houve a continuidade da prestação de trabalho, ainda que em grau menor etc.

A abusividade da greve é incompatível com o recebimento de salários do período, pois o ilícito não pode gerar direitos.

Se tiver havido acordo ou convenção coletiva (note-se aqui, mais uma vez, expressamente reconhecido o direito de convenção coletiva), ou seja, se o dissídio coletivo houver sido composto e negociado, a manutenção da greve torna-se uma contradição: se o sindicato (comissão) e o Estado entram livremente em acordo, onde ficaria o princípio da palavra empenhada ou do *pacta sunt servanda*?

Os compromissos juridicamente obtidos, bem como as leis, existem para ser observados.

Se tiver sido proposto dissídio coletivo mediante acordo, o que for decidido será obedecido e cumprido, como em toda sentença.

O parágrafo único do art. 14 diz que, na vigência de acordo ou convenção coletiva, não signficará abuso do exercício do direito de greve a paralisação que tenha por objetivo exigir o cumprimento de cláusula ou condição.

Para cumprir o que foi obtido por negociação coletiva, a lei oferece três opções:

a) a primeira é do art. 14, parágrafo único. Retoma-se a greve, não mais para estabelecer norma, mas para cumprir o que foi fixado por negociação coletiva;

b) ação do sindicato, na condição de substituto processual, para cobrar o que foi objeto de acordo ou dissídio coletivo — art. 872 da CLT;

c) reclamação individual do empregado para cobrar o que foi obtido em dissídio, acordo ou convenção.

A escolha de um dentre estes três caminhos constitui opção política do sindicato ou do empregado.

O primeiro é o mais oneroso. Ressuscita a greve que já fora pacificada por instrumentos coletivos. Reascende a luta social e causa mal às próprias partes e à sociedade como um todo.

Geralmente só é usada quando a divergência entre as categorias continua e o sindicato de empregados exibe uma demonstração de força, em razão do desrespeito ao que foi combinado.

Muitas vezes, o descumprimento não é um ato de vontade do sindicato patronal, mas uma vicissitude da situação econômica de algumas empresas. A distinção é importante porque, se esta for a situação, há meios de atacá-la pelas vias judiciais em vez da ação coletiva.

Só mesmo uma profunda divergência entre os sindicatos pode ter como solução o retorno da greve, pois as vias da negociação constituem sempre um caminho mais eficiente e afeito ao Direito Coletivo.

O segundo exemplo é o mais comum. O art. 872 é um exemplo típico de substituição processual que firmou o caminho para ação substitutiva na Lei n. 7.347/85 e no Código de Defesa do Consumidor, Lei n. 8.078/90.

A CLT, mais uma vez, colocou-se à frente dos tempos, dando exemplo precursor de seus institutos.

O sindicato, em vez de retornar ao campo de batalha para fazer greve, pode cobrar, pela substituição, os salários e, por via de interpretação extensiva, todo e qualquer direito coletivamente obtido.

Não tem sentido que tal eficiente ferramenta se limite apenas aos salários. É preciso levá-la mais longe e colocá-la como meio de atuação de todo o direito coletivo.

Esta posição corresponde ao estágio de evolução da substituição processual, que não depende mais de concessão do legislador. Tudo dependerá da livre opção do sindicato. Se o direito que pleiteia é interesse de toda a categoria ou da maioria de seus membros, nada mais natural do que substituí-los, pois, através de uma só ação, reinvindica-se o direito, com economia de tempo e esforço.

O cancelamento da conservadora e insustentável Súmula n. 310 do TST é um evidente sinal neste sentido.

O segundo excludente de abusividade é que a greve seja motivada por fato novo ou acontecimento imprevisto, que modifique substancialmente a relação de trabalho.

"Fato novo" é o que não existia à época da negociação. "Acontecimento imprevisto" é aquele que não podia ser concebido dentro das circunstâncias normais, pelo raciocínio do *homo medius*.

Quando se pratica um negócio jurídico, as partes jogam com um componente de futuro, pois as obrigações vão ser cumpridas à frente, não atrás. Como é natural em tais casos, uma certa previsibilidade de seus efeitos, dentro de circunstâncias novas, é natural.

A inflação, as mudanças tecnológicas, as conquistas científicas, acontecimentos naturais e humanos prováveis, tudo isso deve ser levado em conta no momento de qualquer negociação.

A diferença entre fato novo e acontecimento imprevisto é que o primeiro surge sem qualquer previsibilidade, como, por exemplo, o aumento repentino de novas atividades da categoria em razão de descobrimentos tecnológicos que vão obrigar seus membros à prática de novas tarefas não previstas na negociação.

Já o acontecimento imprevisto se situa na área da previsibilidade e da imprevisibilidade, para distinguir entre os fatos que podiam e deviam ter sido levados em conta e aqueles que eram impossíveis de ser considerados, ao tempo da negociação. Por exemplo, uma guerra com país vizinho, em razão de um fato anormal, como poderia ter ocorrido entre Colômbia e Equador.

A oração subordinada "que modifique substancialmente a relação de trabalho", introduzida pelo pronome relativo "que", se refere ao antecedente "acontecimento imprevisto" e não a fato novo. Se se referisse aos dois, o verbo "modificar" teria sido usado no plural — "modifiquem".

Para o fato novo, basta sua existência. Para o acontecimento imprevisto, é necessário que modifique substancialmente a relação de trabalho. Se não há esta modificação, o fato deve ser tolerado e a greve sobre sua existência torna-se abusiva.

12.11. COMENTÁRIO AO ART. 15

> Art. 15. A responsabilidade pelos atos praticados, ilícitos ou crimes cometidos, no curso da greve, será apurada, conforme o caso, segundo a legislação trabalhista, civil ou penal.
>
> Parágrafo único. Deverá o Ministério Público, de ofício, requisitar a abertura do competente inquérito e oferecer denúncia quando houver indício da prática de delito.

O exercício do direito de greve se exerce coletivamente através do sindicato, que a declara e comanda.

A greve deve ser pacífica, como o exercício de todo direito, mas nem sempre este objetivo é atingido. Ela tem em sua própria natureza uma certa dose de rebeldia e violência contida. Quando se chega à greve, é porque não há mais diálogo. Por isso se optou pela *vis extrema*, ficando muitas vezes difícil a distinção entre *usus* e *abusus*.

O legislador, já contando com a possibilidade de ocorrência de ilícito e crime no curso da greve, dispôs sobre a responsabilidade em relação a eles, que se apurará no âmbito trabalhista, civil e penal.

No âmbito trabalhista, haverá os ilícitos que se praticarem contra as disposições da lei. No caso do servidor público, em relação aos artigos recepcionados.

No âmbito civil, leva-se em conta a responsabilidade civil, ou seja, os danos de ordem material e moral que, pelo exercício da greve, se praticarem e, no campo penal, os crimes.(26)

Para os servidores públicos, nada tem de ser mudado. Os ilícitos e crimes que podem ser praticados na greve por eles exercida são os mesmos do setor privado, levando-se em conta as peculiaridades dos artigos já comentados.

O ilícito que presumivelmente suscitará mais questões será a regular manutenção do serviço público, sua medida e avaliação pelo Judiciário trabalhista, quando não houver acordo.

O cidadão que se sentir prejudicado pela falta do serviço público pode questionar o Judiciário e pleitear danos morais e materiais. Também o Estado pode acionar o servidor, pela falta da prestação mínima.

A licitude ou ilicitude da greve será fundamental para se apurarem estas responsabilidades.

Os crimes mais comuns são lesão corporal e dano.

Qual a Justiça competente para estes ilícitos?

Sempre entendemos que é a Justiça do Trabalho, porque tais crimes provêm da relação de trabalho, são "ações" que dela nascem, atraindo a aplicação do art. 114.(27)

Mas a CF ainda reforça mais sua vontade já claramente exposta. No inciso II do art. 114 diz que compete à Justiça do Trabalho processar e julgar "as ações que envolvam exercício do direito de greve".

Não restringiu nem limitou. Disse, genérica e taxativamente, "ações". Ora tanto para pleitear direitos ou aplicar sanções, quem requer (o interessado, o Ministério Público ou a Advocacia Geral da União) se serve da ação, palavra que, em processo, geralmente é usada como "direito subjetivo público contra o Estado, para que este se manifeste sobre a legitimidade da pretensão do interessado a um bem que, se afirmada esta, satisfaça o interesse em questão".(28)

---

(26) Para detalhes, ver ÁLVARES DA SILVA, Antônio. *Pequeno tratado da nova competência trabalhista*, *cit.*, p. 142-177.

(27) Além do *Pequeno tratado da nova competência trabalhista*, veja outro livro de minha autoria — *Competência penal trabalhista*. São Paulo: LTr. 1966.

(28) COSTA, Alfredo de Araújo Lopes da. *Direito processual civil brasileiro*. 2. ed. Rio de Janeiro: Forense. 1959, t. 1, p. 92.

Se este bem é pedido em função do interesse público para aplicação de sanção em defesa da sociedade (caso em que há dever e não propriamente direito)[29] ou requerido como direito subjetivo da parte que ingressa em juízo, nada muda. A essência permanece e confirma o conceito de ação.

Além deste raciocínio genérico que, por si só, seria suficiente para determinar a competência, a Constituição ainda se repetiu, determinando que compete à Justiça do Trabalho as ações provenientes do direito de greve.

Fala-se em repetição porque as ações derivadas da greve constituem uma subespécie de ação proveniente da relação de trabalho, sem a qual nenhuma greve, em sentido trabalhista, pode existir. Esta se exerce através de uma relação coletiva de trabalho (espécie), que se vincula a um gênero — relação de trabalho.

Se, no curso da greve, ou seja, no seu decorrer ou na sua realização, podem praticar-se atos, ilícitos e crimes, compete à Justiça do Trabalho julgar as ações correspondentes.

Lembramos, mais uma vez, que, na ADIn 3.684, proposta pelo procurador-geral da República, foi pleiteada a inconstitucionalidade formal do art. 114, I, ou, alternativamente, que se declarasse sua inconstitucionalidade sem redução de texto, afastando-se da Justiça do Trabalho a interpretação que lhe conferia competência penal.

Foi deferida cautelar *ex tunc*, excluindo-se do art. 114 a interpretação que atribuía à Justiça do Trabalho competência penal.

Como já se salientou, a competência penal foi negada por falta de lei que a estabelecesse. Entretanto, no que diz respeito ao exercício do direito de greve, esta falta foi suprida por força da CF, que a previu expressamente: "Compete à Justiça do Trabalho processar e julgar as ações que envolvam o exercício do direito de greve".

Foi, portanto, prevista uma ação para o exercício do direito de greve. Esta ação corresponde a ilícito trabalhista, civil e penal e a competência é da Justiça do Trabalho.

A Justiça do Trabalho julgaria os crimes contra a administração do trabalho, previstos nos arts. 197-207 do CP e todos os demais que se originassem das relações de trabalho. Esta competência foi afastada por decisão do STF.

Já para as ações provenientes do direito de greve, houve previsão expressa de ordem constitucional, que não está abrangida pela decisão do STF. Logo a competência é da Justiça do Trabalho.

---

(29) OLIVEIRA, Eugênio Pacelli. *Curso de processo penal*. 3. ed. Belo Horizonte: Del Rey. 2004.

12.12. COMENTÁRIO AO ART. 17

Finalmente, o acórdão do MI 712 recepciona o art. 17 da Lei n. 7.783/89.

Art. 17. Fica vedada a paralisação das atividades, por iniciativa do empregador, com o objetivo de frustrar negociação ou dificultar o atendimento de reivindicações dos respectivos empregados (*lockout*).

Parágrafo único. A prática referida no *caput* assegura aos trabalhadores o direito à percepção dos salários durante o período de paralisação.

A menção ao art. 17 se deu com intuito de reforçar o MI, pois, dentro da técnica por ele adotada, a manutenção do serviço público, durante qualquer greve, deve ser garantida.

Se esta obrigação de manutenção existe do lado do empregado, também ela se estende ao empregador, pois se trata de interesse público.

A esta conclusão chegaria qualquer intérprete, ante a evidência da situação.

O legislador definiu a suspensão ou paralisação das atividades por parte do empregador, quando tenha por objetivo "frustrar negociação ou dificultar o atendimento de reivindicações dos respectivos empregados". E batizou a situação com o estrangeirismo *lockout*, que constou do texto da própria lei.

O Longman — Dictionary of Contemporary English, assim define o nome:

"a situation when a company does not allow workers to go back to work, especially in a factory, until they accept the employers' conditions".

Aqui, o instituto é colocado exatamente como oposto de greve, que é paralisação da prestação de trabalho pelos empregados até que os empregadores aceitem as condições por eles impostas. Quem paralisa a atividade é o empregador, até que o empregado aceite as condições por ele desejadas.

Mas é preciso que se façam contemporizações.

Historicamente, a greve nasceu como instrumento de pressão dos trabalhadores para obter melhores condições de trabalho. A paralisação não se deu originariamente por iniciativa dos empregadores, para impor aos empregados as condições que eles, empregadores, pretendessem.

Isto eles podiam fazer independente de greve.

A ação dos empregadores, paralisando o trabalho, como primeira iniciativa, antes da greve, é rara, e sua menção é apenas uma hipótese acadêmica. O que se observa, na prática de todo o mundo, é que o empregador reage à greve, negociando. Se esta se frustra, vai-se à arbitragem ou, de comum acordo, ao dissídio coletivo.

Uma vez decretada a greve, os empregados se ausentam. Portanto, não tem sentido falar em *lockout*, pois não se pode impedir a entrada em serviço de quem já se ausentou.

Se há acordo, não tem mais sentido falar-se em *lockout*, porque o problema já foi resolvido.

Portanto, a única hipótese de sua ocorrência seria o empregador antecipar-se à greve e impedir o acesso ao trabalho. Seria um caso raro, absolutamente incomum na prática das relações coletivas.

A jurisprudência alemã vem admitindo o *lockout* em situações especiais, como forma de obter o equilíbrio na disputa coletiva. Por exemplo, quando a categoria econômica está sob forte recessão e não consegue cumprir cláusulas de convenção coletiva. Neste caso, pára a atividade empresarial a fim de forçar seu desligamento da convenção ou para negociar outras condições menos onerosas.

Também se permite o *lockout* quando há greve parcial em setores fundamentais da empresa que importam na paralisação de sua atividade, ficando o empregador na contingência de ceder imediatamente às pretensões dos trabalhadores. Neste caso, pode solicitar a solidariedade dos demais membros da categoria econômica para que pratiquem a cessação da atividade, para obter o equilíbrio necessário.

Estes casos já foram decididos e vivenciados pela jurisprudência do Tribunal Superior do Trabalho — *Bundesarbeitsgericht* — alemão.(30)

Portanto, a proibição absoluta do *lockout* pode tornar-se um fator de desequilíbrio, e não de harmonia, das relações coletivas de trabalho. Muitas vezes, pode excepcionalmente tornar-se justo seu uso pelas empresas, principalmente as médias e pequenas, para se defenderem de pretensões injustas e desarrazoadas.

Afinal de contas, como salientam os autores citados, "Jeder Arbeitskampf steht mit dem Gebot der *Verhälnismässigkeit* unter dem verfassungsrechtlichen *Übermassverbot*". Toda disputa coletiva está sujeita ao mandamento da proporcionalidade e sob o signo da proibição constitucional do excesso (da desproporção).(31)

A proporção e o equilíbrio das disputas coletivas obtém-se com concessões de ambos os lados, não apenas de um.

Na greve do serviço público, a reação do Estado, impedindo os servidores de trabalhar, é praticamente impossível e seria difícil de acontecer, mesmo que fosse permitida, pois a cessação do serviço público prejudicaria, em primeiro lugar, a sociedade.

---

(30) BROX, Hans; RÜTHERS, Bernd; HENSSLER, Martin, *op. cit.*, p. 249.
(31) *Op. cit.*, p. 249.

Cremos que a suspensão do pagamento de salário do servidor em greve é meio suficiente para garantir o equilíbrio de forças. No entanto, como a greve entre nós tem sentido amplo, podendo ser desencadeada até mesmo por razões políticas, pode ser que haja sérios prejuízos para a sociedade se o serviço público paralisar-se, numa greve nacional ou local, de grande extensão, em que se pretenda por exemplo mudança de lei em relação à qual não haja unanimidade no Congresso Nacional.

Neste caso, o *lockout* seria tolerável e, em alguns casos até necessário, para proteger a sociedade.

A jurisprudência pode admiti-lo nestas hipóteses, interpretando o art. 17 restritivamente. A proibição que ali consta refere-se ao *lockout* ativo e não ao defensivo, quando seu uso se faça necessário para resguardar o interesse público, ou seja, a *salus populi*.

13. UMA NOTA DE DIREITO COMPARADO

O prof. *Giancarlo Perone*, titular de Direito do Trabalho, da Universidade de Roma 2 — Tor Vergata, redigiu, a meu pedido, uma exposição sobre a greve no serviço público na Itália, lida perante meus alunos de Direito do Trabalho Comparado, no curso de pós-graduação da Faculdade de Direito da UFMG.

O estudo é uma síntese de grande utilidade para a realidade brasileira e mostra a utilidade do Direito Comparado para abrir caminhos e ajudar na solução de problemas jurídicos. *John T. Dunlop*, falando na introdução de livro sobre o Direito do Trabalho Comparado dos Estados Unidos, Inglaterra, França, Alemanha e Japão, disse corretamente:

> "The comparative method of reviewing labor in five advanced democratic countries has the further reward of helping to highlight both the common elements and the distinctive features of each country during this remarkable period for the the worker and the employee." (O método comparativo considera que o trabalho em cinco países de avançada democracia tem a vantagem de ajudar a distinguir não só os elementos comuns, mas também os aspectos distintivos de cada país, durante o período marcado em relação ao trabalhador e ao empregado.)[(1)]

Aproximar e distinguir — eis as duas missões básicas do Direito Comparado. Pela aproximação, vêem-se os pontos de contato com o direito local. Pela distinção, as diferenças. Ambas as atitudes ajudam a perceber o que há de útil e o que se deve rejeitar, quando se procuram um caminho e os elementos para uma nova lei.

No mundo globalizado, a convivência entre os Estados no plano internacional se opera de duas maneiras: a cada dia, as decisões localizadas vão perdendo efeito em função de soluções gerais emandas de fora da esfera individual de cada país, ditadas por situações compartilhadas em plano coletivo internacional.

Transpondo as fronteiras nacionais, todo acontecimento localizado em um Estado tem repercussão internacional e todo acontecimento internacional repercute em cada Estado.

---

(1) DUNLOP, John T. *Labor in the Twentieth Century*. New York: Academic Press. 1978, p. 2.

Hoje se pode falar de uma dimensão jurídica mundial,(2) em que os institutos se formam através de duas influências fundamentais: uma, local, próxima ao ambiente histórico do país em que nascem; a segunda provém da ordem internacional em que os países necessariamente se situam.

Sem perder a identidade própria, os países se internacionalizam, fazendo parte de um mundo como centro de decisões, fora dos Estados locais.

O Direito do Trabalho, por contracenar com o dinamismo do capital, tenta acompanhá-lo nesta viagem universal sem destino e pouso fixo.

Hoje são comuns as associações sindicais internacionais, a negociação coletiva européia, o conselho de empresa europeu e uma série de institutos de direito individual que, perdendo a natureza própria dos condicionamentos nacionais, projetam-se no campo amplo de um plano composto pelo concerto de nações que, a cada dia, intensificam relações e compartilham interesses.

Nada que se decida numa nação deixa de repercutir entre nações e nada que se pratique entre nações deixa de ter um reflexo localizado em uma nação. O mundo tornou-se um feixe de comunicação e influência recíprocas.

Como salienta *Boyd White*, o Direito é "multívoco em sua estrutura, sempre convidando a novas e constantes narrativas e linguagens".(3)

As influências do mundo pós-moderno, em constantes mudanças e permanentes transformações, não deixam mais lugar para a individualidade nacional. Tudo se forma num amplo complexo, num cadinho de diferentes influências que sempre convidam à abertura, ao pensamento ampliado, além de marcos e limitações.

É neste ambiente que se forma e se desenvolve o direito moderno, o qual, nas palavras de *Wayne Morrison*, "não tem como deixar de compartilhar da incerteza radical da vida pós-moderna",(4) mas, por outro lado, é o direito que sanciona formas de vida e dá estabilidade ao passageiro e ao inconstante das idéias que varrem, como um vento inseminador, todos os quadrantes do mundo.

Enclausurar o Direito, quando as nações se internacionalizam, é imprimir movimento para trás em um dos vagões tracionados por uma grande locomotiva, que caminha para frente. Evidentemente, a força menor contrária será inutilizada pelo domínio da força maior preponderante. E esta inutilização não se limita apenas a destruir. Vai mais além e relega ao atraso todos os que, como homens ou instituições, lutam contra seu tempo e se afastam da influência de sua época.

---

(2) FRYDMAN, Benoit. HAARSCHER, Guy. *Philosophie du droit*. Paris: Dalloz. 1998, p. 90.
(3) MORRISON, Wayne. *Filosofia do direito — dos gregos ao pós-moderno*. São Paulo: Martins Fontes. 2006, p. 617.
(4) MORRISON, Wayne, *op. cit.*, p. 617.

O Direito Comparado e o conhecimento de outras culturas são essenciais para que nos situemos em nosso próprio mundo, pois é do conjunto, depois de formado, que se tem noção precisa da unidade.

É verdade que o todo é formado pelas partes. Mas este momento inicial logo é superado pelo conjunto cuja conformação é permanente, embora transitória. Outras unidades logo se formam e nele se introduzem imperceptivelmente, na eterna constância da mutabilidade que constitui o universo cultural do homem.

Os acontecimentos humanos se sucedem dentro de formas fixas, embora variáveis em suas manifestações específicas e individuais.[5] Dentro do mesmo cenário variam o conteúdo das representações.

Portanto, há uma parcela de estabilidade nos acontecimentos humanos, porque o que vem do homem não pode ser diferente dele. Mas o que o homem faz concretamente em diferentes épocas e, na mesma época, em diferentes lugares, é variado, múltiplo e sempre diversificado.

Neste contexto filosófico é que se pode fazer comparações, sabendo-se de antemão que uma parte da experiência, por estar no próprio homem, se repetirá. Outra será ditada por condicionamentos históricos e contingentes.

O Direito, enquanto fenômeno humano, tem aspectos universais e permanentes, mas seu conteúdo variará de época para época e de cultura para cultura. Quem busca a comparação deve conhecer este fato, para que tenha êxito na tarefa. Deve ter a perspicácia de procurar a essência na variabilidade e a invariabilidade na essência.

Não se vai aqui propor o modelo italiano para o Brasil, mas na certa temos muito que aprender com a experiência italiana que, percorrendo caminho muito semelhante ao nosso, já chegou a conclusões que ainda não fomos capazes de alcançar.

Se devemos chegar ao mesmo ponto evolutivo a que chegou o direito italiano é questão de opção interna de nossa cultura jurídica e de nosso legislador. Mas é desejável que ela se torne um dia realidade e possa ser uma via, ainda que alternativa, para nossa caminhada futura.

Separaremos por tópicos a exposição de *Giancarlo Perone*, comentando cada unidade.

1 — PRIVATIZAÇÃO OU CONTRATUALIZAÇÃO DO SERVIÇO PÚBLICO.

Na Itália, hoje, não há mais uma regulação diferente da relação de trabalho do serviço público com o Estado. Salvo categorias especiais — tais como juízes, ministério público —, a lei que se aplica ao trabalhador privado e ao público é a mesma.

---

(5) COLLINGWOOD, R. G. *A idéia de história*. 8. ed. Lisboa: Presença. 1994, p. 391.

Esta identificação se deu através do Decreto Legislativo n. 165, de 2001.

Não obstante a privatização, os cargos públicos, segundo o art. 97 da Constituição italiana, estão sujeitos a concurso: "Agli impieghi nelle pubbliche amministrazioni si accede mediante concorso, salvo i casi stabiliti dalla legge".

COMENTÁRIO:

Esta igualação da legislação, para o servidor público e o privado, é um dos grandes acontecimentos do direito moderno. Rompeu-se com a velha e rançosa distinção de que o servidor público, por pertencer ao Estado, precisa de um estatuto especial.

Reconheceu-se por fim que, quem trabalha precisa de um tratamento unitário e o ente ou pessoa para quem ele trabalha não muda sua condição de trabalhador, ou seja, de quem, não tendo os meios de produção, vende a força de seu trabalho a um beneficiário através de um ato de alienação.

O legislador constitucional brasileiro começou também esta tarefa. Mandou aplicar aos servidores públicos 14 incisos dos 37 que considerou direitos dos trabalhadores. Faltou apenas completar a missão que, a cada dia, vem sendo reclamada pelos fatos. O recente MI 712-8 foi mais um avanço, pelo qual se aplica ao servidor público a Lei n. 7.783/89, que regula a greve do setor privado.

Dentro de pouco tempo, os dois regimes se igualarão, como na Itália. Então cairá o velho mito também entre nós.

2 — CONVENÇÃO COLETIVA NO SERVIÇO PÚBLICO.

Os servidores podem firmar convenções coletivas (ou contratos coletivos, segundo a nomenclatura italiana) com o Estado, que não dependem de aquiescência ou ratificação do presidente da República. Para negociar, criou-se a Agência para a Representação Negocial das Administrações Públicas — Aran — constituída de comitês dos setores da AP e dos sindicatos mais representativos destes setores. A convenção coletiva é redigida e submetida à aprovação do comitê do setor ou do Conselho de Ministros. A seguir é submetida ao Tribunal de Contas — Corte dei Conti — que emitirá parecer em 15 dias sobre a compatibilidade do negociado com o orçamento público.

COMENTÁRIO:

Aqui se verifica outro notável avanço. Permite-se expressamente a negociação coletiva no serviço público. O contrato coletivo (para usar a nomenclatura italiana) é firmado e independe de aceitação ou ratificação do presidente da República. É submetida ao comitê do setor da administração pública correspondente ou ao Conselho de Ministros.

Para os acertos orçamentários, opina o Tribunal de Contas.

Derruba-se, com referência expressa, mais um mito: o de que o Estado não pode negociar coletivamente. As costumeiras dificuldades orçamentárias foram superadas e o Estado italiano arranjou modos de afastar dificuldades formais que entre nós são alegadas, para impedir a negociação coletiva.

Está certo que a convenção coletiva seja aprovada por algum órgão e que, de ponto de vista orçamentário e financeiro, seja também examinada por algum setor da AP. Mas entre exame e impossibilidade vai uma grande distância.

Sobre a compatibilidade da convenção coletiva com a previsibilidade orçamentária, *Luciano Ferraz* escreveu fundado artigo, em que o assunto foi enfrentado com sucesso. Disse:

> "De acordo com o art. 35, § 1º, II, do ADCT da Constituição, o projeto de lei de diretrizes orçamentárias deve ser, anualmente, encaminhado pelo Poder Executivo, até oito meses e meio antes do encerramento do exercício financeiro e devolvido para sanção até o encerramento do primeiro período da sessão legislativa (30/06), sob pena de o Legislativo não entrar em recesso (art. 58, § 2º, da Constituição). Ou seja, até o dia 15/04 o Executivo deverá remeter o projeto da LDO ao Parlamento.
>
> "As deliberações constantes da LDO monitoram o Poder Executivo na elaboração da proposta orçamentária anual, que deverá ser remetida ao Legislativo até quadro meses antes do encerramento do exercício e devolvida para sanção até o encerramento da sessão legislativa (art. 35, § 1º, do ADCT da Constituição).
>
> "Portanto, seria possível que representantes dos governos, antes do envio do projeto de LDO ao parlamento, sentassem na mesa de negociação com os sindicatos dos respectivos servidores, no intuito de se estabelecer, nesse projeto, os índices de aumento da remuneração dos servidores, os quais seriam submetidos à apreciação do Legislativo.
>
> "No interregno compreendido entre o início do exercício financeiro — 01/01 — e o dia 15/04, instalar-se-ia a negociação com os servidores, de modo a estabelecer o compromisso de se incluir no aludido projeto os percentuais relativos aos acréscimos. Existindo, com o de fato existia na Lei n. 8.112/90, a previsão legal para a negociação, este procedimento poderia ser regulado por Decreto do Executivo."(6)

(6) Este trabalho é inédito e foi apresentado como monografia de curso acadêmico de pós-graduação, na Faculdade de Direito da UFMG.

Podemos ir mais longe ainda. Se a revisão da remuneração deve ser anual, na mesma data e com os mesmos índices, o Governo está mais do que ciente de que deverá contar com mais esta despesa. Se não a faz constar do orçamento, é porque é omisso.

O projeto da Lei de Diretrizes Orçamentárias (LDO) deve ser enviado ao Congresso oito meses e meio antes do exercício financeiro e deverá ser devolvido para sanção até o encerramento da sessão legislativa. Portanto, tempo é que não falta para a negociação coletiva e a previsão da despesa.

Portanto, só mesmo falta de boa-fé na negociação coletiva, que é um dos requisitos mais salientados pelos autores, pode sustentar a desculpa do obstáculo orçamentário.

Finalmente, a CF garante a convenção coletiva — art. 7º, XXVI. Ela agora, depois da decisão do STF, incorporou-se aos direitos do servidor público.

E não será por alegações formais de natureza orçamentária que se vai alegar o descumprimento da Constituição.

Ainda não conhecemos, no Direito Comparado, esta excludente de aplicação das normas constitucionais...

3 — PRERROGATIVAS DA AP.

Permanecem as prerrogativas da AP em relação à negociação coletiva nos pontos descritos pela lei: órgãos, repartições, competências, princípios fundamentais de organização, seleção e acesso ao trabalho, dotações orçamentárias. Para a negociação coletiva ficam as questões inerentes à relação de trabalho: salário e normas e condições de trabalho, além das já fixadas pela lei.

COMENTÁRIO:

Isto significa que a negociação coletiva não extrapola seus justos e racionais limites. Ela não pode revogar a Constituição nem fragmentar a AP, negociando o que lhe interessa.

Não há, ao contrário do que muitos pensam, desarticulação ou desordem na AP e no serviço público. É restrita a negociação coletiva. Embora não seja a única, a tônica da negociação será o salário. Mas nada impede que fixem ainda normas e condições de trabalho e até mesmo acordo para a criação de cargos, cujo projeto o Governo se comprometerá a enviar ao Congresso.

Muitos alegam que este tipo de acordo é imperfeito e insuficiente, porque o Governo pode descumpri-lo e não há sanção.

Não é verdade. Há meios de sanção, sim. Por exemplo, os servidores públicos podem entrar em greve nacional, diante da palavra desrespeitada. E a greve será justa e legal. Há o princípio universal de *pacta sunt servanda*, o qual se aplica a pessoas, governos e Estados. Antes da norma coercitiva, existe a norma moral, que é anterior e separada do Direito, mas permanentemente o inspira, o ilumina e fundamenta.

A palavra dada ou empenhada é costume integrado na vida individual e coletiva do homem e dos Estados. Sobrevive ao tempo exatamente porque é um costume na verdadeira definição de *Ulpiano*: "Mores sunt tacitus consensus populi, longa consuetudine inveteratus", ou seja, "costumes são consenso tácito do povo mantidos por longa tradição".

4 — TRIBUNAL COMPETENTE

A competência para julgar as questões trabalhistas do servidor com a AP é do juiz comum, em exercício da função trabalhista, inclusive as ações relativas a comportamentos anti-sindicais. O juiz administrativo julgará as questões relativas ao concurso público e as relações de trabalho não contratualizadas.

COMENTÁRIO:

Eis aqui outro mito jogado ao solo. Como houve a contratualização da relação de trabalho com a AP, o juiz competente para julgar a controvérsia dela resultante passou a ser o comum, em função trabalhista, ficando para o juiz administrativo as questões tipicamente públicas da relação.

No Brasil, embora não tenhamos feito em sua integralidade a contratualização, a CF, já anteriormente à EC n. 45/04, dizia que competia à Justiça do Trabalho processar e julgar "as ações oriundas da relação de trabalho, abrangidos os entes de direito público externo e da administração pública direta e indireta da União, dos Estados, do Distrito Federal e dos Municípios". Esta redação permaneceu, mesmo depois da EC n. 45/04.

No entanto, o ex-ministro *Jobim*, em liminar na ADIn 3395, deu interpretação ao art. 114 no sentido de excluir qualquer interpretação que atribuísse à Justiça do Trabalho competência para julgar causas de servidores públicos, sob o argumento de que o regime é o "estatutário" e não o contratual trabalhista.

O equívoco é evidente e persiste desde a ADIn 492, decidida pelo ex-ministro *Carlos Velloso,* em que o STF julgou inconstitucionais as letras *d* e *e* do art. 240 da Lei n. 8.112/90.

Se já naquela época era difícil sustentar o ponto de vista do acórdão, hoje ele é impossível, não obstante a decisão do ex-ministro *Jobim*, referendada pelo Pleno.

Ao atribuir à Justiça do Trabalho competência para julgar as questões oriundas da relação de trabalho, nela incluiu a que se verifica entre o servidor e a AP, pois a relação do servidor público com o Estado é de trabalho, embora com peculiaridades expressas na Lei n. 8.112/90.

A vontade do legislador constitucional foi reforçada por ele próprio ao dizer "abrangidos os entes da administração pública direta e indireta da União, dos Estados e do Distrito Federal".

"Entes da AP direta" só podem ser os servidores públicos, pois são eles os únicos "entes" que com ela estão em relação de trabalho. Não havendo outra categoria que possa ser posta no objetivo do legislador, não há possibilidade lógica de se interpretar o artigo, excluindo a única referência que nele pode ser subsumida.

Hoje, com a decisão do STF no MI 712-8, ficou superada a liminar e o ponto de vista nela defendido.

Se hoje se aplicam ao servidor público as disposições da Lei n. 7.783/89 e cabendo à Justiça do Trabalho julgar "as ações que envolvam o exercício do direito de greve" — art.114, II, da CF —, muitas questões relativamente aos servidores públicos, do ponto de vista individual e coletivo, são agora da competência da JT, por vontade do próprio STF. Isto já foi amplamente demonstrado ao longo deste trabalho.

Como sustentar agora a existência de "regime estatutário", se a lei de greve dos trabalhadores privados se aplica aos públicos e a Justiça do Trabalho é competente para julgar os conflitos que nascem?

Estamos agora em situação praticamente idêntica à do direito italiano, pois as questões oriundas do direito de greve têm diferentes naturezas e não há como partir a competência para fazer distinções insustentáveis, que não existem na Constituição.

5 — REGULAMENTAÇÃO DO DIREITO DE GREVE. SERVIÇOS ESSENCIAIS.

COMENTÁRIO:

Pelo art. 40 da Constituição italiana, o direito de greve é exercido segundo as leis que o regulam: "Il diritto di sciopero si esercita nell'ambito delleggi che lo regolano". Salvo pouquíssimas exceções (controladores de vôo, por exemplo), estas leis nunca foram editadas, o que mostra a eficácia da velha parêmia: a melhor regulamentação da greve é a não regulamentação.

Para o serviço público houve lei (83/2000) disciplinando a greve em serviços públicos essenciais, que são os serviços que garantem o acesso aos direitos da pessoa constitucionalmente garantidos: saúde, higiene, proteção civil, coleta e tratamento de lixo, alfândega (em relação a material perecível), fornecimento de bens de primeira necessidade, administração da justiça, pagamento de benefícios previdenciários, instrução, ensino, correios, informação radio televisiva. O rol é apenas exemplificativo.

Para efetivar os serviços essenciais, a lei criou uma agência — *A Comissão de Garantia* —, dotada de competência específica para este fim. Esta comissão é formada por nove membros nomeados pelo presidente da República, a partir de indicações da Câmara e do Senado, especialistas em Direito Constitucional, do Trabalho e Relações Industriais.

A Comissão tem por competência analisar as cláusulas dos contratos coletivos sobre a prestação de serviços essenciais e de estabelecer regras, caso as partes não cheguem a um acordo a respeito das cláusulas. Com base nos contratos coletivos que lhe são enviados, são estabelecidas regras para o exercício do direito de greve em cada setor da administração.

Se a Comissão aprova o acordo, as partes são obrigadas a aplicá-lo imediatamente. Se não houver aprovação, as partes se pronunciarão em quinze dias sobre as objeções. Se não houver acordo, a Comissão regula provisoriamente o setor em greve, até que outro seja celebrado.

A Comissão pode convocar as partes para acordo, determinando que no período não se deflague a greve. Pode conferir o aviso que os sindicatos estão obrigados a fazer antes do começo da greve e as cláusulas sobre acordo, determinando o adiamento da greve, quando faltarem estes requisitos ou decidir por uma nova proclamação, corrigido o erro.

Pode aplicar sanções aos trabalhadores e sindicatos que participem de greve ilegal e sanções administrativas aos sindicatos, que não punem seus filiados que tenham feito greves ilegais. O empregador, mesmo diante de greve ilegal, não pode dispensar o servidor grevista.

Por ordem da Comissão, o primeiro ministro, ou um ministro que dele receba delegação, pode determinar aos trabalhadores que prestem os serviços essenciais, caso haja dúvida fundada se tais serviços serão postergados. O mesmo poder tem a autoridade do governo local, quando a greve for setorizada.

Quando a greve, praticada por servidores autônomos, pode prejudicar direitos constitucionalmente garantidos, a Comissão pode editar regras para seu exercício, pois não há sindicato.

Esta *comissão de garantia* mostra que a greve no serviço público precisa de tratamento especial. Uma certa intervenção do Estado-autoridade, distinta do Estado-parte na greve, é útil e necessária.

Esta comissão, formada por advogados trabalhistas e especialistas em relações industriais faz o papel de órgão judiciário, praticando intervenção moderada nas relações de trabalho públicas.

Isto mostra que o equilíbrio foi obtido.

Este papel será feito no Brasil pela Justiça do Trabalho até que se edite a lei prometida no art. 37, VII, da CF, que poderá criar comissões idênticas, relegando para o Judiciário trabalhista apenas as questões em relação às quais uma conciliação ou entendimento não se mostrou possível.

Tais agências facilitam o equacionamento dos problemas, são ágeis e formadas por especialistas. A grande vantagem sobre o Judiciário é que, sendo órgãos administrativos, ficam livres das amarras das regras processuais, podendo agir com mais liberdade e discricionariedade, sem retirar dos sindicatos a autonomia, sem a qual não podem exercer sua finalidade.(7)

6 — REGRA SOBRE SOLUÇÃO DE CONFLITOS

A lei determina que, nos contratos coletivos, figurem cláusulas para regular a solução de conflitos, contendo regras sobre a obrigação da tentativa de acordo e, uma vez decretada a greve, sobre os meios de solução. Estas medidas têm como objeto evitar a greve no serviço público e seus efeitos para a sociedade.

COMENTÁRIO:

Eis aqui mais um bom exemplo. Em toda convenção deve haver cláusulas sobre a proposta de acordo e sobre solução de conflitos.

Nada mais justo e racional. Se as partes dispõem da autonomia privada coletiva, devem aplicá-la não só na composição de interesses, mas também na solução de controvérsias que deles nascem.

A incoerência do Direito Coletivo brasileiro, antes da EC n. 45/04, era evidente. Na falta de acordo ou negociação coletiva, partia-se para a greve. Mas qualquer das partes poderia propor dissídio coletivo, transferindo para o Judiciário a solução do conflito.

Este fato importava na renúncia à liberdade sindical, num ato de injustificável alienação e comodismo, pelo qual o próprio sindicato abria mão de sua prerrogativa negocial, entregando-a ao Estado, para negociar coercitivamente em seu nome.

Como os sindicatos brasileiros poderiam tornar-se maduros e capazes com uma alternativa tão destrutiva de sua própria liberdade?

Felizmente, este erro foi corrigido com a exigência do comum acordo, através da nova redação conferida ao art. 114 pela EC n. 45/04.

---

(7) Para detalhes sobre a Commissione di Garanzia ver VALLEBONA, Antonio. *Le regole dello sciopero nei servizi pubblici essenziali*. Torino: G. Giappichelli. 2007, p. 47.

Se tivéssemos idêntico dispositivo, os sindicatos, livremente, do modo que entendessem melhor, fixariam regras para a solução de conflitos coletivos. Poderiam designar a Justiça do Trabalho ou uma comissão de arbitragem, composta de árbitro ou conjunto de árbitros, escolhidos livremente por eles próprios.

Desta forma, resguardando-se a liberdade sindical, estabelecer-se-ia uma maneira segura e democrática de solução de conflitos trabalhistas.

7 — PRESTAÇÕES MÍNIMAS.

As prestações mínimas indispensáveis durante a greve se calculam à base de 50% do serviço normalmente prestado, executado por servidores que não excedam um terço do total. Aos sindicatos e, subsidiariamente, à Comissão de Garantia cabe a garantia de execução deste preceito.

COMENTÁRIO:

Estas intervenções não foram julgadas inconstitucionais em face do art. 40 da Constituição italiana, pois se entendeu que a reserva legal não é absoluta.

Ao longo deste livro, escrevemos sobre as dificuldades de mensuração e quantificação dos serviços públicos mínimos que os servidores são obrigados a manter.

O direito italiano deu solução razoável ao problema: 50% da atividade deve ser mantida. Com isto se mantêm o efeito da greve e a garantia de serviço público mínimo. Um equilíbrio razoável entre dois males que, se extremados, causam danos sociais: a ausência absoluta de prestação de serviço público ou a proibição de greve.

Sem greve, o trabalhador público ficaria sem reivindicação. Sem prestação de serviço mínimo, haveria grande lesão social. Tentou-se o justo meio.

Diante de tão radicais mudanças, que mostram um novo rumo nas relações do servidor público com o Estado, nossos administrativistas continuam aferrados a concepções clássicas. Nem sequer, ainda que a título de mera comparação, se referem a estes fatos.

Celso Antônio Bandeira de Melo afirma:[8]

> "Já, para os servidores da Administração direta, autarquias e fundações de Direito Públicos (ou seja: servidores das pessoas jurídicas de Direito Público), indubitavelmente, o regime normal corrente terá de ser o de cargo público, admitindo-se, entretanto, como se explicará, os casos em que é cabível a adoção do regime de emprego para certas atividades subalternas."

---

(8) MELLO, Celso Antônio Bandeira de. *Curso de direito administrativo*. 21. ed. São Paulo: Malheiros. 2006, p. 246.

De onde o autor tirou esta preconceituosa afirmativa contra o regime celetista não se sabe. No Direito Comparado, o caminho é exatamente o inverso. Veja-se o exemplo italiano, acima comentado.

Grandes cientistas, juristas, estudiosos, professores mantêm relação de emprego com diferentes instituições, universitárias e privadas, onde não se pode falar em condição subalterna.

A grande força-motriz do trabalho no mundo é o contrato de trabalho. O servidor público é uma exceção em relação ao trabalho que o Direito regula.

Não é o vínculo que faz o servidor público. Se o cargo público tivesse o condão mágico de produzir a eficiência do serviço público, o Brasil deveria ter o melhor quadro de servidores do mundo, pois a Lei n. 8.112/90 transformou todos os empregos em cargos no nosso sistema jurídico. Melhorou o serviço público? O povo que o responda.

O regime único que se adotasse para o serviço público brasileiro, nos moldes italianos, seria muito melhor para nossa realidade. Permitiria agilidade e flexibilização. Permitiria ajustes segundo as necessidades sociais e dispensas indenizadas, quando necessárias.

O julgamento de conflitos pela Justiça do Trabalho permitiria melhor adequação do servidor à máquina estatal, acabando com delongas e demandismos inúteis.

A negociação coletiva e a greve abririam um canal válido de comunicação entre os servidores, o Estado e a sociedade.

Será que tudo isto significa "subalternidade"?

14. CONCLUSÃO GERAL SOBRE A GREVE NO SERVIÇO PÚBLICO

O MI 712-8 trouxe profundas inovações, não só sobre o uso deste instituto no direito brasileiro, como também em seu mérito, regulando a greve do servidor público.

Houve, sem dúvida, aperfeiçoamento e melhoria no Direito brasileiro.

O STF, como guardião da Constituição, não poderia continuar mantendo uma atitude omissiva em relação à impossibilidade do exercício de direitos e liberdades constitucionais, em razão da falta de norma que os regulasse.

Uma ação positiva era urgente e inevitável, sob pena de deixar-se sem guarda a Constituição, exatamente por omissão do órgão encarregado de preservá-la.

Os direitos são feitos para ser exercidos. Principalmente aqueles que a Constituição escolheu e expressamente garantiu.

Conforme *Karl Schmitt*: "Sabemos, ademais, que os problemas das ciências políticas e da teoria constitucional não se resolvem com sua negação ou recusa".[1] Nem com a omissão dos órgãos encarregados de guardá-la, acrescentamos.

Não se pode conceber que a falta de lei reguladora, ou seja, de um comando inferior à Constituição, impeça a eficácia de um direito nela garantido. Seria submeter a Constituição à vontade e ao arbítrio do legislador e reduzir os direitos nela garantidos a mera promessa nunca cumprida.

No caso da Constituição brasileira, o problema se agrava, porque a própria Constituição deu o remédio para o mal — art. 5º, LXXI —, e encarregou um tribunal de guardá-la — art. 102.

Portanto, foram dados os meios para se garantir o fim. Se hoje a maioria dos povos cultos opta pela criação de um tribunal constitucional para resguardar a Constituição, é porque há o convencimento universal de que ela deve ser protegida em sua inteireza. Desta proteção, a principal conseqüência é a aplicação do que nela se contém.

---

(1) SCHMITT, Karl. *O guardião da constituição*. Belo Horizonte: Del Rey. 2007, p. 4.

Se aos tribunais cumpre negar a aplicação da lei inconstitucional, cumpre também aos tribunais determinar a aplicação da norma constitucional quando ela existe, embora travada pela espera de norma reguladora inferior.

Mesmo se a Constituição não tivesse previsto o MI como meio de aplicar a norma constitucional à falta de norma reguladora, a sua aplicação por iniciativa dos tribunais, até que o poder competente expedisse a norma, seria um raciocínio plenamente legitimado pela analogia e pela eqüidade.

Torna-se difícil de compreender por que o STF demorou tanto a tomar a providência, agora exercida pelo MI 712-8, pois a Constituição previu o direito (no caso a greve do servidor) e o meio de aplicá-lo — o MI (art. 5º, LXXI) —, por omissão da norma reguladora.

Só faltava a atuação do STF, que, felizmente, agora veio.

A greve no serviço público suscitará muitas questões jurídicas de grande significado e alcance sociais. Vai exigir ponderação, equilíbrio e criatividade da Justiça do Trabalho.

Mas é para isto que existem a cultura e a formação de seus juízes, cuja capacidade de servir ao País é muito maior do que a medíocre competência que o legislador constitucional colocou em suas mãos.

15. QUESTÃO FINAL SOBRE COMPETÊNCIA

Quando este livro já estava pronto, fomos alertados por um problema quando discutíamos o tema com os alunos da pós-graduação da Faculdade de Direito da UFMG.

Foi afirmado por um aluno que o voto do Min. *Eros Grau* tão-só adaptou a Lei n. 7.783/89 ao exercício do direito de greve dos servidores públicos. A competência continua com a Justiça Comum, cível ou federal, conforme o caso. Isto porque, na ADIn 3395 foi decidido que as causas entre o Poder Público e seus servidores não se originam da relação de trabalho, que teria conceito estrito, exatamente como está na ementa.

A questão, embora nos pareça óbvia, precisa ser esclarecida, para que as coisas, guiadas pela razão humana, tomem seus devidos lugares.

Voltaremos ao voto do Min. *Eros Grau,* já longamente discutido no capítulo 12 deste livro, e analisaremos a seguir o voto do Min. *Peluso*, na ADIN 3395.

15.1. O VOTO DO MINISTRO *EROS GRAU*

Este erudito acórdão teve como objeto viabilizar o direito de greve do servidor público através do MI 712, com adaptações na Lei n. 7.783/89, como já foi demonstrado.

No parágrafo 53 foi escrito que

> "Isto posto, a norma, na amplitude que a ela deve ser conferida no âmbito do presente mandado de injunção, compreende conjunto integrado pelos arts. 1º ao 9º, 14, 15 e 17 da Lei n. 7.783/89, com as alterações necessárias ao atendimento das peculiaridades da greve nos serviços públicos, que introduzo no art. 3º e seu parágrafo único, no art. 4º, no parágrafo único do art. 7º e seu parágrafo único e no art. 14."

Estas modificações (ou adaptações) já foram enumeradas anteriormente, na análise que fizemos do voto.

No art. 3º, fala-se em cessação, enquanto na original está cessação coletiva. No parágrafo único houve aumento do prazo para 48 horas, para a paralisação.

No art. 4º, modificou-se a expressão paralisação coletiva para paralisação parcial.

No art. 7º, retirou-se a referência ao art. 9º, ficando apenas a do art. 14.

No art. 9º, houve uma compressão, fazendo-se referência a "regular continuidade da prestação do serviço público", tomando o artigo a seguinte redação: "Durante a greve, o sindicato ou a comissão de negociação mediante acordo com a entidade patronal ou diretamente com o empregador, manterá em atividade equipes de empregados com o propósito de assegurar a regular continuidade da prestação do serviço público".

No parágrafo único, a redação também se condensou: "É assegurado ao empregador, enquanto perdurar a greve, o direito de contratar diretamente os serviços necessários a que se refere este artigo".

No art. 14, de fundamental importância para as conclusões deste capítulo,a redação assim ficou: "Constitui abuso do direito de greve a inobservância das normas contidas na presente Lei, em especial o comprometimento da regular continuidade na prestação do serviço público, bem como a manutenção da paralisação após a celebração de acordo, convenção ou decisão da **Justiça do Trabalho**".

Este foi, na essência, o voto do MI 712, cuja conclusão transcrevemos literalmente:

> "Em face de tudo, conheço do presente mandado de injunção, para, reconhecendo a falta de norma regulamentadora do direito de greve no serviço público, remover o obstáculo criado por essa omissão e, supletivamente, tornar viável o exercício do direito consagrado no art. 37, VII da Constituição do Brasil, nos termos do conjunto normativo enunciado."

Como se vê, em nenhum momento do acórdão, não obstante as adaptações realizadas, foi dito que a Justiça do Trabalho não seria competente para decidir as questões relativas ao exercício do direito de greve dos servidores com o Poder Público.

Pelo contrário. No pacote normativo adotado, ou seja, arts. 1º-9º, 14-15 e 17, há freqüentes referências à Justiça. E, em nenhum momento, foi feita qualquer restrição ou referência contrárias à competência. Veja-se:

a) no art. 3º, acolhe-se a negociação e a via arbitral: "Frustrada a negociação ou verificada a impossibilidade de recursos via arbitral, é facultada a cessação coletiva do trabalho";

b) o art. 4, § 2º, fala em negociação coletiva: "§ 2º Na falta de entidade sindical, a assembléia geral dos trabalhadores interessados deliberará para os fins previstos no *caput*, constituindo **comissão de negociação**";

c) o art. 5º fala em representação de interesse na Justiça do Trabalho: "A entidade sindical ou comissão especialmente eleita representará os interesses dos trabalhadores nas negociações ou na **Justiça do Trabalho**";

d) o art. 7º fala nas vias de solução dos dias de suspensão do contrato de trabalho durante a greve. Entre o acordo, convenção, laudo arbitral, foi mencionada expressamente a **Justiça do Trabalho**: "Observadas as condições previstas nesta Lei, a participação em greve suspende o contrato de trabalho, devendo as relações obrigacionais, durante o período, ser regidas pelo acordo, convenção, laudo arbitral ou decisão da **Justiça do Trabalho**";

e) o art. 8º dá expressa competência à Justiça do Trabalho para decidir sobre a procedência ou improcedência da greve: "A **Justiça do Trabalho**, por iniciativa de qualquer das partes ou do Ministério Público do Trabalho, decidirá sobre a procedência, total ou parcial, ou improcedência das reivindicações, cumprindo ao Tribunal publicar, de imediato, o competente acórdão;[1]

f) o art. 14 fala novamente em decisão da Justiça do Trabalho: "Constitui abuso do direito de greve a inobservância das normas contidas na presente Lei, bem como a manutenção da paralisação após a celebração de acordo, convenção ou decisão da **Justiça do Trabalho**";

g) o art. 15 fala em competência da Justiça do Trabalho para decidir atos e ilícitos cometidos durante a greve: "A responsabilidade pelos atos praticados, ilícitos ou crimes cometidos, no curso da greve, será apurada, conforme o caso, segundo a **legislação trabalhista**, civil ou penal".

Do complexo normativo adotado, falou-se sete vezes na Justiça do Trabalho e negociação coletiva sem qualquer restrição. Portanto, está inequivocamente garantida sua competência para os conflitos enumerados no acórdão.

Não há necessidade de argumentar mais.

15.2. O VOTO DO MINISTRO *PELUSO*

Como se sabe, foi pronunciado na ADIn 3395, proposta pela Associação dos Magistrados do Brasil — Ajufe — e pela Associação Nacional dos Magistrados Estaduais — Anamages.

É nesta ADIn que consta a conhecida liminar do ex-ministro *Nelson Jobim*, na qual se concluiu:

"Suspendo, *ad referendum*, toda e qualquer interpretação dada ao inciso I do art. 114 da CF, na redação dada pela EC 45/2002, que inclua, na competência da Justiça do Trabalho a apreciação de causas que sejam instauradas entre o Poder Público e seus servidores, a ele vinculados por típica relação de ordem estatutária."

---

(1) Naturalmente, o julgamento só se fará mediante acordo, conforme a jurisprudência predominante.

Esta liminar foi mantida quando se julgou o mérito da ADIn 3395

Já criticamos, em diferentes passagens deste livro, que o regime estatutário está em agonia e não existe mais. Como pode ser estatutário e unilateral um regime em que os trabalhadores (ou seja, os servidores públicos) se sindicalizam, fazem greve e negociam condições de trabalho com o governo, para toda a categoria, e individualmente, para o cargo ocupado, conforme está no art. 13 da Lei n. 8.112/90, em que se lê:

> "**Art. 13.** A posse dar-se-á pela assinatura do respectivo termo, no qual deverão constar as atribuições, os deveres, as responsabilidades e os direitos inerentes ao cargo ocupado, que não poderão ser alterados unilateralmente, por qualquer das partes, ressalvados os atos de ofício previstos em lei."

Como pode ser unilateral a fixação de deveres, direitos e obrigações dos cargos se eles não podem ser alterados unilateralmente? A ressalva está nos atos de ofício previstos em lei.

Mas, seja lá como for, a liminar foi dada e, o que é pior ainda, foi mantida em decisão final.

Da transcrição da liminar, acima transcrita, pode-se retirar que a competência para decidir sobre conflitos coletivos é também da Justiça Comum?

A resposta, pronta e imediata, é não.

É sabida e do conhecimento até mesmo dos principiantes a diferença entre conflitos de Direito Individual e Coletivo do Trabalho.

No Direito Individual, as partes são pessoas físicas (ou uma física e outra jurídica) e o objeto é a solução de conflito segundo lei existente.

No Direito Coletivo, as partes são os sindicatos (art. 8º, VI, da CF) e o objeto do conflito não é o direito posto, mas o direito a ser criado. Não é o *ius factum* mas o *ius condendum*, o direito a ser constituído.

Há, pois, fundamental diferença que importa em metodologia própria dos dois ramos do Direito do Trabalho, que são estudados autonomamente pela doutrina e expostos distintamente nos livros e manuais.

São profundamente diferentes os dissídios para reivindicar um direito subjetivo garantido por lei e dissídios que visam a criar a própria lei.

Evidentemente, as conclusões da ADIn 3395 não se referem ao Direito Coletivo. Os conflitos que motivaram a proposição da ação de inconstitucionalidade foram individuais. Tratava-se de conflitos entre servidores e a AP, nunca de sindicatos entre si. Tanto que as conclusões falam em "causas", vocábulo próprio de direito individual.

Além do mais, refere-se ainda ali à "vinculação tipicamente de ordem estatutária", o que presume o direito já posto ou formado, não o direito a ser criado.

O acórdão transcreve trecho de voto do Min. *Celso de Mello* em que se afirma:

> "Refoge, pois, Senhor Presidente, à competência constitucional da Justiça do Trabalho a apreciação jurisdicional de causas que, não obstante concretizando e exteriorizando **conflitos individuais**, sejam instauradas entre o Poder Público e os seus servidores, a ele vinculados por típica relação de ordem estatutária ou de caráter jurídico-administrativo."

Aqui a referência foi expressa: a competência refoge ao julgamento da Justiça do Trabalho porque se trata de conflitos individuais.

Já o Min. *Joaquim Barbosa*, em declaração de voto, na mesma ADIn, afirma que:

> "A relação entre a Administração e os servidores detentores de vínculo estatutário — legal, portanto — em nada se assemelha à relação contratual que une o trabalhador do setor privado às empresas regidas pela legislação trabalhista. Não há — todos nós sabemos — contornos negociais. São dois universos distintos."

Mirabilia!

Se não há "contornos negociais", então o que fazem os sindicatos e para que servem as greves? Mais ainda: nas greves de servidores públicos, o que faz o Governo, senão mobilizar-se em negociações com seus diferentes ministros e ministérios, conforme o servidor em greve? Se não há negociação, como pode o servidor negociar as condições de seu cargo, que não podem ser mudadas unilateralmente?

Bem se vê que nos acostumamos a uma doutrinação que se tornou anacrônica, irrefletida e irracional. Foi aceita para uma época, mas estamos em outra. No entanto, querem fazer reviver um tempo em outro, o que é um grande equívoco filosófico e jurídico.

Também o Min. *Sepúlveda Pertence* afirmou na declaração de seu voto que "não consigo me convencer — concluí — que a relação do Estado com seus servidores, ainda que regida pelo chamado regime estatutário, não seja uma relação de trabalho." Está certa a afirmativa. É uma relação de trabalho especial e, só por isso, não há razão para afastá-la da competência da Justiça do Trabalho.

Mas, na conclusão do voto, fez esta contraditória afirmativa: "Assim, embora concordando, no fundo, com o Min. Marco Aurélio, eu acompanho o voto do Ministro-Relator por esse juízo de conveniência num julgamento liminar".

Portanto, o que houve foi um julgamento de conveniência, não de justiça, este de rejeitar a competência da Justiça do Trabalho em relação às causas de servidores com a AP.

A convicção reinante no STF de que a relação de trabalho com o servidor tem natureza administrativa não corresponde mais à realidade. Não é uma afirmativa congruente com nosso tempo. Já pertence ao passado.

Qual a conclusão destas reflexões? É hora de afirmá-las.

Pelo voto do MI 712 não se exclui a competência Justiça do Trabalho, em nenhum momento, para julgar a greve de servidor público. Pelo contrário. No elenco dos artigos adaptados foi acolhida, sem qualquer restrição, referências à Justiça do Trabalho. E isto se deu por sete vezes.

No voto da ADIn 3395, o objetivo foi o dissídio individual e não o coletivo. Não se falou, no longo acórdão de 44 páginas, em sindicato ou Direito Coletivo uma vez sequer.

Diga-se, finalmente, que o STF retirou a fórceps a interpretação de que a relação de trabalho com a AP tem natureza administrativa da segunda parte do art. 114, I: "abrangidos os entes de direito público externo e da administração pública direta e indireta da União, dos Estados, do Distrito Federal e dos Municípios ".

Mas agora não pode fazer a segunda operação e arrancar da Justiça do Trabalho a competência para julgar os conflitos provenientes do direito de greve. Duas razões impedem esta nova cesariana:

a) no voto do Min. *Eros Grau* esta competência está expressamente acolhida.

b) a Constituição é evidente e clara: "Compete à Justiça do Trabalho processar e julgar as ações que envolvam o direito de greve". Já aqui, a taxatividade e a imediatidade do texto não deixam escapar a mínima dúvida.

Mesmo que se evoque a ADIn 3395, ela se refere a dissídio individual. O MI 712 é expresso em acolher, no elenco normativo criado para o exercício de greve pelo servidor público, a competência da Justiça do Trabalho.

Fica, portanto, muito difícil inferir-se do que não existe o existente. Ex nihil, nihil, e não *Ex nihil, res*. Ou seja, do nada o nada e não do nada a coisa. O nada, representando o não-ser, é estéril.

O que se faz na interpretação é alargar o sentido e não impor conteúdo próprio ou convicção pessoal. A opinião do intérprete não pode ser maior do que a do legislador.

Se a Constituição dispôs expressamente e o STF, como seu guardião, referendou o que foi escrito, o que se deseja mais para afirmar que a Justiça do Trabalho é competente para julgar os dissídios coletivos entre a AP e seus servidores?

BIBLIOGRAFIA

ÁLVARES DA SILVA, Antônio. *Pluralismo sindical na nova constituição,* Belo Horizonte: Del Rey, 1990.

______. *Proteção contra a dispensa na nova constituição,* 2. ed., São Paulo: LTr, 1992.

______. *Os servidores públicos e o direito do trabalho,* São Paulo: LTr, 1993.

______. *Questões polêmicas de Direito do Trabalho,* São Paulo: LTr, 1993.

______. *A convenção 158 da OIT e a garantia no emprego,* São Paulo: Ltr, 1996.

______. *Competência penal trabalhista,* São Paulo: LTr, 1996.

______. *As súmulas de efeito vinculante e a completude do ordenamento jurídico,* São Paulo: LTr, 2004.

______. *Pequeno tratado da nova competência trabalhista,* São Paulo: LTr, 2005.

______. Competência penal trabalhista, São Paulo: LTr, 2005.

______. *Dissídio Coletivo e a EC 45-04,* Belo Horizonte: RTM, 2005.

______. *Pequeno tratado da nova competência trabalhista,* São Paulo: LTr, 2005.

AMARAL, Diogo Freitas do. Curso de direito administrativo, Coimbra: Almedina, 1986.

ARVON, Henri. *A filosofia do trabalho,* Lisboa: Sociocultur, s.d.

Aurélio Buarque de Holanda Ferreira. *Novo dicionário da língua portuguesa,* 2. ed., Rio de Janeiro: Nova Fronteira, 1986.

BARRETO, Irene Cabral. *A CEDH anotada,* 3. ed., Coimbra: Coimbra Editora, 2005.

BARRON, Jerome A.; DIENES, C. Thomas. *Consttucional Law,* St. Paul. West Publishing Co., 1991.

BATALHA, Wilson de Souza Campos. *Direito Intertemporal,* Rio de Janeiro: Forense, 1980.

BILLIER, Jean-Cassien. MARYIOLI, Aglaé. *História da filosofia do direito,* São Paulo: Manole, 2005.

BOBBIO, Norberto et al. *Dicionário de política,* Brasília: UnB,1991.

BOBBIO, Norberto et al. *Dicionário de política,* 2º v., Brasília: UnB,1991.

BOBBIO, Norberto. *Da estrutura à função,* São Paulo: Manole, 2007.

BONAVIDES, Paulo. *Curso de direito constitucional,* 10. ed., São Paulo: Malheiros, 2000.

BRANDT, Dietmar. *In AllgemeinesVerwaltungsrecht, herausgegeben Von Schweick,* Rudolph, 6 Auf. Stuttgart: Kohlhammer, 1983.

BRIESKORN. Norbert. *Filosofia del derecho,* Barcelona: Herder, 1993.

BROX, Hans; RÜTHERS, Bernd; HENSSLER, Martin. *Arbeitsrecht.* 16 Auf., Stuttgart: Kohlhammer, 2004.

BURDEAU, George. *O Estado,* São Paulo: Martins Fontes, 2005.

CANOTILHO. J.J.Gomes. *Direito constitucional e teoria da constituição,* Coimbra: Almedina, 1997.

CASSIERER. Ernst. *Ensaio sobre o homem,* São Paulo: Martins Fontes,1997.

CLAVEL-FAUQUENOT, Marie Françoise; MARIGNIER, Natacha. *Le droit syndical,* Paris: Liaisons, 1999.

COLLINGWOOD, R.G. *A idéia de história,* 8. ed., Lisboa: Presença, 1994.

COSTA, Alfredo de Araújo Lopes da. *Direito processual civil brasileiro,* t. I, 2. ed., Rio de Janeiro: Forense, 1959.

CRETTELLA JUNIOR, J. *Comentários à constituição de 1988.* Rio de Janeiro: FU, t. IV. 1991.

Dicionário American Heritage Dictionary, versão eletrônica.

DINAMARCO, Cândido Rangel. *Instituições de direito processual civil,* t.I, 2. ed., São Paulo: Malheiros, t.I. 2002,

DUNLOP. John T. Labor in the Twentieth Century, New York: Academic Press, 1978.

DURÁN, Manuel Carrasco. Los procesos para la tutela judicial de los derechos fundamentales, Madrid: Centro de estudos políticos, 2002.

FARIA, Ernesto. *Gramática superior da língua latina,* Rio de Janeiro: Livraria Acadêmica, 1958.

FERRAZ, Luciano. Sobre a compatibilidade da convenção coletiva com a previsibilidade orçamentária. Trabalho inédito apresentado como monografia do curso acadêmico de pós-graduação da Faculdade de Direito da Universidade Federal de Minas Gerais.

FRANCO, Tomas Sala; BUJ, Remédios Roqueta. *Los derechos sindicales de los funcionários públicos,* Valencia: Tirant lo blanch, 1995.

FRANKENBERG, Günther. *A gramática da constituição e o direito,* Belo Horizonte: Del Rey, 2007.

FRANCO, Tomás Sala e MONTESINOS, Ignácio Albiol. *Compendio de derecho sindical,* Valencia: Tirant lo blanch, 1989.

FRYDMAN, Benoit; HAARSCHER, Guy. *Philosophie du droit,* Paris: Dalloz, 1998.

GADAMER. *Verdade e método,* 4. ed., Petrópolis: Vozes, 2002.

GOUVEIA, Jorge Bacelar. *Manual de Direito Constitucional,* t.II, Coimbra: Almedina, 2005.

HÄBERLE, Peter. *La Verfassungsbeschwerde nel sistema della Giustizia costituzionale tedesca,* Milano: Giuffrè, 2000.

HAMILTON, Alexander; JAY, John; MADISON, James. *O federalista,* Rio de Janeiro: Editora nacional de direito, 1959.

HAMON, Francis; Tropel, Michel; Burdeau, Georges. *Direito Constitucional,* São Paulo: Manole, 2005.

HEGEL, Georg Friedrich Wilhelm. *Filosofia do Direito,* São Paulo: Martins Fontes, 1976.

______. *Philosophie des Rechts,* Frankfurt: Suhrkamp, 1983.

HOBSBAWN, Eric. *O novo século,* São Paulo: Schwarcz,1999.

JAMES, Phillip S. *Introduction to english law,* 9. ed., London: Butteerworths, 1976.

JASPERS, Karl. *Kleine Schule des philosophischen Denkens.* München: Piper Verlag, 1964.

KAUFMANN, Matthias. *Rechtsphilosophie,* Freiburg: Karl Alber, 1996.

KAUFMANN, Arthur. *Rechtsphilosophie,* München: C.H.Beck, 1997.

KASSIRER, Ernst. *Las ciencias de la cultura,* México: Fondo de Cultura, 1951.

KNIGHT. Frank H. *Risco, incerteza e lucro.* Rio de Janeiro: Expressão e Cultura, 1972.

KÖPPING, Walter. *Die Gewerschaften,* Köln: Bund-Verlag,1980.

LUMIA, Giouseppe. *Elementos de teoria e ideologia do direito.* São Paulo: Martins Fontes, 2003.

MARTIN. F. *Les mots latins,* Paris: Hachette, 1941.

MAURER, Hartmut. *Allgemeines Verwaltungsrecht.* 9 Auf.. München: C.H.Beck, 1994.

MAYNEZ, Eduardo García. *El problema de la objetividad de los valores,* México: Colegio Nacional, 1979.

MEDEIROS, Rui. *Ensaio sobre a responsabilidade civil do estado por atos legislativos.* Coimbra: Almedina, 1992.

MELLO, Celso Antônio Bandeira de. *Curso de direito administrativo,* 21. ed., São Paulo: Malheiros, 2006.

MENDES, Gilmar Ferreira; COELHO, Inocêncio Mártires. BRANCO, Paulo Gustavo Bonet. *Curso de direito constitucional.* São Paulo: Saraiva, 2007.

MIRANDA, Jorge. Os juízes têm direito à greve? *Revista do Instituto dos advogados de Minas Gerais,* Belo Horizonte, s.v., n.13, p. 15-30, 2007.

MIRANDA, Pontes. *Tratado de direito privado,* t.I., 3. ed., Rio de Janeiro: Borsoi, t.I.1970.

______. *Comentários à constituição de 1967,* t.III, Rio. Forense. T.III.1987

MORAES FILHO. Evaristo. *O problema do sindicato único no Brasil,* São Paulo: Alfa-Ômega, 1952.

MORRIS, Christopher W. *Um ensaio sobre o estado moderno,* São Paulo: Landy, 2005.

MORRISON, Wayne. *Filosofia do direito* — dos gregos ao pós-moderno, São Paulo: Martins Fontes, 2006.

OLIVEIRA, Eugênio Pacelli. *Curso de processo penal,* 3. ed., Belo Horizonte: Del Rey, 2004.

ORTEGA Y GASSET. *Rebelião das massas.* Rio de Janeiro, Livro ibero-americano, 1962.

PADFIELD, C. P. *Law.* Londres: Heinemann, 1985.

PALOMBELLA, Gianluigi. *Filosofia do Direito,* São Paulo: Martins Fontes, 2005.

POSNER. Richard A. *The problems of jurisprudence,* Cambridge: Harvard University Press, 1990.

ROBLES, Gregório. *Os direitos fundamentais e a ética na sociedade contemporânea.* São Paulo: Manole, 1955.

ROBSBAWN, Eric. *Os trabalhadores — estudos sobre a história do operariado,* Rio de Janeiro: Paz e Terra, 1981.

RÜTHERS, Bernd. *Arbeitsrecht und politisches System,* Frankfurt: Athenäum, 1973.

RÜTHERS, Bernd. *Rechtstheorie,* 2 Auf, München: CH Beck, 2005.

SCHMITT, Karl. *O guardião da constituição,* Belo Horizonte: Del Rey, 2007.

SCHWABE, Jürgen. *Cinqüenta anos de jurisprudência do tribunal constitucional federal* alemão, Montevideo: Konrad-Adenauer, 2005.

SILVA, José Afonso da. *Comentário contextual à constituição,* São Paulo: Malheiros. 2005.

SOUZA, Washington Peluso Albino de. *Primeiras linhas de direito econômico,* 4. ed., São Paulo: LTr, 1999.

VALLEBONA, Antonio. *Le regole dello sciopero nei servizi pubblici essenziali,* Torino: Giappichelli, 2007.

VON HOYNINGEN-HUENE, Gerrick. *Die Billigkeit im Arbeitsrecht,* München: CH Beck, 1978.